成吉思汗的领导艺术

〔英〕约翰·曼　著◎陈一鸣　译

内蒙古出版集团　内蒙古人民出版社

图书在版编目(CIP)数据

成吉思汗的领导艺术/(英)约翰·曼著;陈一鸣译. – 呼和浩特:内蒙古人民出版社,2014.1

ISBN 978 – 7 – 204 – 12743 – 6

Ⅰ. ①成… Ⅱ. ①约…②陈… Ⅲ. ①成吉思汗(1162~1227) – 领导艺术 Ⅳ. ①K827 = 47②C933.2

中国版本图书馆 CIP 数据核字(2014)第 003027 号

成吉思汗的领导艺术

作　　者	(英)约翰·曼	
译　　者	陈一鸣	
责任编辑	马燕茹	
封面设计	凤苑阁文化	
出版发行	内蒙古出版集团　内蒙古人民出版社	
地　　址	呼和浩特市新城区新华大街祥泰大厦	
网　　址	http://www.nmgrmcbs.com	
印　　刷	北京画中画印刷有限公司	
开　　本	1/16	
印　　张	10	
字　　数	120 千	
版　　次	2014 年 7 月第 1 版	
印　　次	2014 年 7 月第 1 次印刷	
印　　数	1 – 5000 册	
书　　号	ISBN 978 – 7 – 204 – 12743 – 6/K · 632	
定　　价	38.00 元	

写在前面

十三世纪的世界是蒙古族的世界，这已经是一个不争的历史事实。当时，文明社会的大部分土地上大概有七百多个民族和部落，四十多个国家被蒙古铁骑征服。在短短几十年中，伴随着征服，东西方文明在交流也在碰撞。从而改变着人类社会历史的进程，而这一切和一个伟大的名字成吉思汗是密不可分的。

作为蒙古民族的领导者，蒙古帝国的缔造者，成吉思汗究竟为这个民族做了些什么，而他和他的子孙们带领着蒙古族又影响了世界哪些方面？由于工作关系，我曾走遍中国的二十一个省市、自治区，到访过世界五十多个国家和地区，所见到并和他们交流，众多的学者、企业家、外交官、文化名人等，当问及成吉思汗时，虽然众说纷纭但共同的认识是，在那个年代做出那样事业是不可思议的，是一个谜。

著名英国作家约翰·曼，对很多中国读者来说并不陌生。他的新著《成吉思汗的领导艺术》在中国出版，对解读这个谜可能有些帮助，也有可能在中国引发新的热潮，书中所谈到的观点只是在学术范围内探讨、商榷。但无论如何，作为一个英国人在他的所有著作中对蒙古民族，对成吉思汗，对草原文化的热爱是值得我们尊敬的，仅以此写在出版前。

前　言

本书所论之领导艺术是成吉思汗成为伟人的关键所在。显然笔者并非宣称成吉思汗本人应当成为当代商界、政界或其他组织领导人的楷模。考虑到其所处时代、环境、人格的独特特质，这样做实属荒谬可笑。

但其领导才能的某些方面，即使在当今世界也仍颇具重要意义。谨以笔者之友——一位私营、公共及志愿部门领军人物——所归纳之简单指导性准则为例，领导原则由建议、学习与经验可被浓缩为六条简单的要点：

1. 真知灼见：确定并明确表达自己的目标。

2. 知人善任；迅速撤换不当人选。然后……

3. ……放权，放权，放权……

4. 坚守原则，但细节灵活。

5. 奖励成功。

6. 无情惩罚错误，而且行动迅速，并从中汲取教训。

事情就这样简单，然而知易行难。他认为其他任何事情都是可以略加微调的。

不难发现所有这六点都包含在了成吉思汗的领导风格中，然而对他来说则意味着更多，因为在当今世界，没有一个人会像他那样游离于生死、困扰于原则与创新之间。他的世界部落联盟纵横捭阖、聚散无常、动荡不安，其中信任往往生死攸关，但偶尔的背叛也同样如此。

为赢得信任与证明背叛的合理性，他需要有高超的社交技巧以及一种很高的但同时又颇为灵活的道德观念。如果一个人的生命危在旦夕，国家的命运悬而未决，忠诚这种他所宣扬的最高美德会始终是其行为的决定性因素吗？例如，如果他认为处决他最伟大的朋友已变得十分必要时他又会怎样？而这则是当今的许多领导人不会遇到的情况。当一个人的权势逐级上升，由部族酋长到部落首领再到国王到皇帝，而与此同时还扮演着社会改革者、将军、战略家、法官等多重角色，他的原则又会发生什么变化？

如果有人要问成吉思汗最非凡的品质是什么，笔者以为答案应该是这样：他是例外于彼得（劳伦斯·彼得，1919.9～1990.1，美国著名的管理学家，现代层级组织学的奠基人，教育哲学博士——译者）原理的为数不多的领袖之一。该原理宣称：人们由于能力而得到提升，但当他们证明自己江郎才尽之时，提升便被终止；因而，假以时日，所有的组织都会倾向于不称其职①。与此相反的是：在其上升的每个层级，成吉思汗都获取了新的能力。正是这种与其他许多技巧相结合的卓越技能——学习、提出新问题、设计解决方案、不断开拓向上——才使得他作为一个天才而出类拔萃。

所以，成吉思汗的生平故事并不包括一个成功领袖的可循案例。至多，在他面临挑战而做出的诸多反应中，某些领导者有可能确定一些事件，其中会包含有某些可以运用于当今社会的技巧。作为团队领袖、CEO、指挥官、战略家、校长以及现代社会不计其数的需要领袖才能的任何其他人物，有关能够从成吉思汗的诸技巧中学习到什么——如果有的话——人们将不得不做出自己的取舍。笔者只能提供一些证据和判断，读者才是真正的决策者。

---

① 该原理称，"在层级组织里，每位员工都将晋升到自己不能胜任的阶层。"见彼得与哈尔《彼得原理》。彼得的推论是"随着时间的推移，每个职位都会被不能胜任其职的员工占据"。

目　录

第一章　性格:领导之根源

第二章　军事领袖:如何缔造一个国家

第七章　阴谋家：最后的征伐与死亡

第八章　遗产：失败、崩溃以及光荣的记忆

导论：关于领导艺术及其含义

如果笔者拍一部有关该研究主题的电影，它将这样开始：镜头拉开扫视一望无垠的草原，然后沿着一条宽阔的河流，越过山脊上溯至一个四壁陡峭的峡谷，定格于岩石裸露森林密布的山梁。然后一行字幕出现在银幕上

蒙古北部，1181 年

镜头推进到森林里，一个身影出现了，他牵着马穿过由于寒风与高度而变得稀疏的冷杉林向山上走去。当他环顾四周时，他的面孔表明他只有 19 或 20 岁，并且衣衫褴褛、大汗淋漓、气喘吁吁，而山下传来的嘈杂声又使得他惊恐不安。字幕显示：他肯定是沿这条路跑了！不，是那条！看马蹄印！

当然这个年轻人就是未来的成吉思汗。但是此刻他还什么都不是，还没有获得那个著名的称号，只是无名之辈铁木真，且处境艰难，亡命深山。他幼年丧父，母亲被逐；虽然胸怀大志，但此刻显然面临着死亡的威胁。

然而 20 年后，他将统一蒙古；再过 20 年，他将作为有史以来最大的陆地帝国的可汗统治亚洲的大部分地区，而且这还仅仅是个开始。他的继承者们加倍拓展疆土，使得他的孙儿——中国的皇帝——忽必烈成了超过世界陆地五分之一地域的名义上的共主。这正是三代人的一个巨大的飞跃。

为了理解成吉思汗给这个世界带来的冲击，不妨作如下想象：

1870 年代格罗尼莫（美国印第安阿帕契部落的领袖，曾率领族人为了居留地而和美国白人进行了英勇的斗争，是全美国印第安人的精神领袖，1886 年被捕后，于 1909 年 2 月 17 日死于监狱中——译者）统一了北美印第安人。他攫取军权，制定新战术，毁坏铁路与列车，击败南北战争后的美国军队。他指挥有白人参加的军队，西略加利福尼亚，东进纽约与华盛顿，征服美国后，继而攻陷加拿大。以北美的财富为后盾，他剑指墨西哥，接下来又在一次漂亮的战役中挥师北上，经阿拉斯加，跨白令海峡进入西伯利亚。到世纪之交，美洲及俄罗斯的大片领土被一个出生于名不见经传且相互争斗的印第安部落的人统治。中国在准备战斗，而欧洲国家则在谦卑地寻求妥协。

对于地处欧亚大陆两端的欧洲人与中国人来说，当时的蒙古人在自己的首领率领下所取得的成就，就如同一个阿帕契人在 1900 年从黑暗中横空出世入主白宫一样不可思议。他们的成功与作为马背骑士的坚忍不拔、冷酷无情与自给自足有着很大的关系。但是他们已经坚韧、冷酷、自给自足了许多世纪，而他们之所以能够从其草原的家乡爆发，则完全归功于他们的领袖的品质，这是一种有史以来最令人震惊的个性。曾经有历史学家就伟大的历史变迁究竟是由不可避免的力量——社会的压力或是气候的改变——还是由人物而导致的问题争论不休。对于那些深信历史"说到底就是……英雄的历史"的人来说，就像英国 19 世纪的历史学家托马斯·卡莱尔（1795 年～1881 年 2 月 5 日，苏格兰评论、讽刺作家、历史学家，其作品在维多利亚时代颇具影响力——译者）所认为的那样，成吉思汗无疑是一个最佳的例证。

在他死后，他的帝国延续了 140 余年，然后，它也灭亡了，但并不是轰然倒塌，而是带着漫长的悲鸣被逐渐淹没，留下了数世纪都清晰可见的痕迹。这些痕迹时至今日依然十分明显。因为成吉思汗的孙儿就是那位征服了中国并建立了中国的元王朝的忽必烈汗。他的征服超越了中国的中原地区，囊括了云南与西藏，也重新获得了遥远的西部新疆的主权。因而，正是忽必烈汗定义了现代中国的疆界。这是蒙古帝国最为奇特的后果之一：中国将其地理上的自我形象归功于一个穷困潦倒、亡命于蒙古深山的年轻蒙古人的抱负。

而必须设问的是：他究竟是如何做到的？为什么？

作为领袖的成吉思汗：再评价的时机

本书缘起于笔者前书《成吉思汗：生死与复活》有关成吉思汗领导才能简单而粗浅的分析。但是如果成吉思汗位于历史上最伟大的领导人之列，笔者对此深信不疑，那么，他的技巧就值得做更加严肃认真的剖析。他的驱动力是什么？他拥有什么样的特质？这些特质又是如何发展的？它们是独一无二的抑或其中的一些可以是普世的？

直至最近，这些问题几乎都无法作答。一部写于 1950 年有关成吉思汗征服中国北方的经典研究著作的开篇之言这样写道："无论过去还是现在，从未有过任何一位历史人物比成吉思汗①激起过更大的崇拜、恐惧与憎恨，也很少有这样的人物让我们对他的相关细节与真实信息的了解会是如此令人沮丧的少。"② 然而那只是在蒙古人的基石性史诗《蒙古秘史》的任何一种优秀的现代版本面世之前，也是在领袖学理论出现之前。以这两个工具为武装，则完全有可能回答前面的问题。

此刻也是做这件事情的大好时机。对于蒙古人来说，成吉思汗具有独一无二的意义，因为他们把他奉作其国家的奠基人。尽管在共产

---

① "Chingis"应该是标准的转写，ch 的读音如"church"。"Gengis"源于法语，Ge 发音软化，就像 s 在"pleasure"一词中。讲英语者将其硬化为"good"中的 g，这显然是不正确的，但纠正其发音与拼写并非易事。有待改变，但以一个 dj 音来读它也无大碍，就像 Ge 音在，"George"一词中。

② 马丁，《成吉思汗的兴起》

党统治的 70 余年间，官方对此并不认同，但在民间他却依然被奉若神明。现在他比以前更加受崇拜，供奉他的神龛屡见不鲜。笔者曾在一个蒙古包里亲眼目睹了一位青少年将其绘制的成吉思汗肖像悬挂在家人照片的中间。而揭示"真实的"成吉思汗的企图则常常被视为大逆不道。那些寻找其墓葬的人——主要是外国人——则受到强烈的质疑。成吉思汗有意保守其墓地的秘密！他的愿望必须得到尊重！在最近的一部获 2008 年奥斯卡提名的有关成吉思汗的影片，谢尔盖·伯德洛夫的《蒙古人》中，最初颇令蒙古人恐惧的是，剧中的主人公竟然由一位日本演员浅野忠信扮演。幸运的是，浅野俊朗的外表、高超的演技及卓越的语言天赋（他为扮演该角色而学习了蒙古语）以及伯德洛夫本人对他拍摄的主题的显而易见的敬畏，对排除歧见起到了很大的作用。

是的，现在的确是一个更为深刻地检视成吉思汗的良好时机。他为什么要开始其征服与统治生涯？怎样开始的？他究竟拥有一些什么特质使得他对其民众有着如此大而且如此成功的感召力？

首先是"为什么"，因为这是其他任何事情的基础。为什么一个目不识丁的游牧民会希望迫使其近邻加入联盟，然后又使他们转而与其更加遥远的邻居为敌？答案有二：情感与政治。环境与性格的奇特结合把一种确保安全的热望根植于他的内心。而做到这点的唯一方法就是摆脱极具破坏性且始终困扰蒙古游牧部族与部落的血亲复仇的冤冤相报——即那种戈壁南侧的定居文化用以确保"夷狄"无以强大，用他们的话说就是"以夷制夷"的复仇。先前的一部分领袖曾经获得了部分的统一，足以从定居文化那里掠夺战利品；但却总有一些部落被遗弃在一旁，而与这些短暂的仅为一己私利的联盟相伴的复仇，则阻止了任何更为真实的统一的出现。成吉思汗——也只有成吉思汗——认识到了通往更加美好生活的道路就是要掌控现成的部落传统，执掌这一体系的控制权，将其粉碎，创建一个新的统一体，然后用该统一体去获取规模空前的安全与财富。这是一个被无情执行的计划。用伟大的蒙古学家欧文·拉铁摩尔的话说就是"他所有的行动都经过了政治的策划，而这种策划从其生涯的早期开始即被导向了权力结构的构建，而这种权力结构无论何时均可加以延展"。①

至于"怎样"，则将是本书论述的重点。如果说由于成吉思汗的再度流行使得此刻是寻求有关其问题答案的极佳时机的话，那么，由于领导学理论的风行一时，情况则更是如此。近年大批有关领导人的好坏习惯的书籍纷纷面世，其领导艺术、水平、深度、性格与才能常常被准确地罗列出，而且均具令人惊异的真知灼见。笔者选取了一些似乎最有帮助的研究，并利用它们来聚焦于成吉思汗取得的成就。他在一些方面仍然是独一无二的，正如你对一个痴迷于把大规模屠杀作为战略武器的帝国创建者所希望的那样。但他的一些方面——性格、品质、选择、行为模式、战略决策——均与现代领导学理论的许多方面相符，无论是团体的、政治的还是军事的。

所以这里有一个作为领袖且源于历史资料的成吉思汗的肖像——主要是蒙古基石性的史诗《蒙古秘史》——但同时也有一些当时的记录，以及人类学与心理学的原理。在这幅肖像画中，笔者融入了现代领导学理论中似乎最为恰当的一些方面。笔者的目的就是要开启一种剖析这位最具野心、最冷酷无情、最辉煌卓越也最为成功的领袖所具品质方法。

---

① 《科学美国人》，1963 年 8 月。

关于领导的本质

在转向成吉思汗的领导才能的根源之前，我们应该知道我们所谓领导的含义究竟是什么。在这个宽泛而模糊的主题中，大多数人赞同的一点是"真正的"领导有别于权力的使用与管理的艺术。正如毛泽东所说的"枪杆子里面出政权"，但它也来源于许多其他的有利条件——身体的力量、阶级、继承的财富、选举的胜利：无论其基础是什么，它都不会完全等同于领导。正如詹姆斯·麦克格雷戈尔·伯恩斯（美国政治领导学研究的先驱，发表了大量关于美国领导者的传记和评论，并对美国政治领导体制有着深入的研究，曾当选美国政治学会主席和国际政治心理学会主席——译者）在其巨著《领袖》中宣称的那样，暴君并不是"合适的"领袖，因为他们使用暴力。他的著作使得领导学研究成了一门产业。管理也不可等同于领导，因为管理只是处理日常活动中较小的事务或者是过去的领导者的决定。"真正的"领导必定要包括领导者方面的说服及追随者方面的选择因素：如果追随者有可能跑到相反的一方，或者就像在中世纪蒙古的情况下，逃脱并加入其他某个领袖，那么这个未来的领袖就失败了。

当今，领导行为通常都被以溢美之词予以评价，似乎它只与做好的事情相关。正是这样的领导者才会说服，才会走上和平、民主、非暴力的竞争之路，才是"恰当的"领袖。毕竟，在一个民主与集体的世界里他们的数量最为众多，也最具影响力。这个世界需要的与我们应该研究的正是他们的技巧，而在评价诸如成吉思汗这样的领袖时，我们应该聚焦的也正是他们的才能。

且慢，这只是一种现代的、西方式的集体领导。以更为广阔的视野看，领导并不能完全与权力的行使分开。曾经有这样的一个领导学理论的分支，根据该理论，无情地追求与冷酷地使用权力是一个底线，因为没有它，就不会有真正的领导。在两位最有效实现中国统一的统治者：公元前 221 年的首位皇帝与 1949 年的毛泽东背后的就是这样的理论。他们都证明了马基雅维利（1469～1527，意大利政治思想家和历史学家，其名著《君主论》中强调的理念，后来成为一些人的治国原则——译者）的理论。在面对意大利文艺复兴时期众多小城邦国的战乱时，马基雅维利指出，没有权力的冷酷——的确具有讽刺意味的是，甚至是欺骗性的——使用，就没有国家、没有和平的保证、没有进步的可能。按此观点，领导就是权力。

结果常常令人恐惧。历史上就曾经出现了无数造成过极度痛苦与破坏的令人生畏的领导人。正如哈佛的芭芭拉·科勒曼（哈佛大学研究领导能力的专家，《糟糕的领导》一书的作者——译者）指出的那样，作为一个研究主题，糟糕的领导与卓越的领导一样有效，彼此相互印证。成吉思汗便既是邪恶的领导者又是卓越的领导者，他的战争造成数十座城市的毁灭与数百万人口的死亡（18 年间，粗略估计的死亡人数超过 300 万），没有任何对其领导艺术的评价可以忽略这一方面。谴责过后便将问题束之高阁非常简单，但我们应该牢记的是，首先，他的观念是其所处时代的观念，而他设法成就的正是无数较小的暴君渴望却未能做到的事业。其次，这一切并非不可解释的、随机的种族仇视行为，而是经过深思熟虑的后果，因而它是可以做出解释的，而且笔者已经在尝试这样做了。

有些暴君生而暴虐，另一些则是在劝诱之力失效时才转而诉诸暴政。这些恶徒曾经是好人，在国内外广受敬仰，直到一些事件及事后之见、腐败与个人崇拜以及性格怪癖将他们变为恶魔。这会使得他们中的任何一人在早期阶段变得不那么具备领袖才能吗？正如芭芭拉·科勒曼设问的那样，有谁可以说劝导数百万人走向战争要比带领他们走向和平更加缺少天赋？又有谁可以说德行的释放就比邪恶的释放更值得研究？

如果是这样，那么善与恶，美德与恶行就不是领导艺术的基本要素，它们是第二位的因素，而且也只出现于一个领导人大权在握之时。但是，假定不是简单的继承，他或她又是如何攫取权力的呢？当然不会是通过某种命中注定统治的领袖基因。每个位列首位的雄性都必须赢得他的位置，我们必须从更加基础性的东西开始：获取权力的能力亦即劝诱的能力。但由于劝诱中并没有很多可以导出某种结论的要点，所以我们必须将注意力集中在劝诱中事实上起作用的那一点：影响力。

我们首先应该设问：在成吉思汗的情况下，这位未来的领袖使用什么样的手段将一些部落与部族融合到一起并且激励他们呢？如果说他诉诸他们的自身利益与贪婪以及对安全的需求是远远不够的，因为这些驱动力始终都是存在的。毫无疑问，还有一些更加基础性的因素。正如戈尔曼·丹尼尔（哈佛大学心理学博士，情商概念的创始者，现为美国科学促进协会研究员，曾四度荣获美国心理协会最高荣誉奖项，20世纪80年代即获得心理学终生成就奖，并曾两次获得普利策奖提名。畅销著作有：《情商》、《工作情商》等——译者）指出的那样"伟大的领导艺术正是通过情感而发挥作用"。因而首先需要解释的正是这种最基本的情感感召力。只有这样我们才可接下来设问：他有多大的影响力？他又是如何影响他人的？

这种基础诉求一定根植于领导人性格的某种或某些特质之中。我们应该寻找的这种特质就是"超凡魅力"，它已经变成了领导学理论的一种陈词滥调。最初，超凡魅力（或如《牛津英语大字典》收录的那样charism 没有尾字母 a）是指任何一种"上帝特别赐予的礼物或眷顾；一种恩赐或天赋"，比如治疗疾病或者预言的能力。它与"仁慈"有着相同的词根，即那种慷慨的神圣天赋。正是德国的政治哲学家马克思·韦伯（1864～1920，对社会学、宗教学、经济学与政治学都有相当的造诣，被誉为组织理论之父，其官僚组织理论，也译为行政组织理论，对后世产生了最为深远的影响——译者）将这个词通俗化为这样一种特质："它可以使一个人鹤立鸡群（最初是作为预言家、治病者、法律制定者、狩猎领导者或者战争中的英雄）因而被看做具有某种超自然的、超人的能力，或者至少在某些方面拥有其他任何人都无法企及的特殊能力或品质。这些能力被当作神授权力或者可模仿的能力，因而在这个基础之上他便被视作了'领袖'。"①韦伯继续说道："我们讨论的特质应该如何从道德的、审美的或者诸如此类的观点加以客观的判断，自然与定义的目的毫不相关。"因而，与超凡魅力相关的就有两个问题：它既然是一种不可思议而又无法解释的被授予的天赋，因而它就有可能被用来为恶或从善。这个词本身并未提供判断得以进行的基础。此外，如果它是神奇的，或者是神灵的启示，那它就无法解释。它的同义反复句就是："他之所以成为领袖，就是因为他是领袖。"而我们要追寻的就是去理解：一个领袖如何变成领袖，如何得到超凡魅力？这是一个基石性的问题，是我们理解成吉思汗崛起的起始点。

只有在这之后我们才能分析成吉思汗使用其权力的方式，如约瑟夫·奈（生于1937年，1964年获哈佛大学政治学博士学位后留校任教。曾出任卡特政府助理国务卿、克林顿政府国家情报委员会主席和助理国防部长。后来重回哈佛，曾任肯尼迪政府学院院长，现为该院教授。此人系国际关系理论中新自由主义学派的代表人物，以最早提出"软实力"概念而闻名——译者）所言，他怎样将软实力（劝诱）与硬实力（强迫）结合在一起达成一种巧实力，使他得以改变其社会并在人类历史上创造出了一种全新的东西。

---

① 《经济与社会》（1922），英文版书名是《社会与经济组织理论》（1947年）；见第三章"有魅力的权威及其常规化的本质"。

关于伟大

另一个将从这一分析中出现的主题就是领导学中的伟大概念。我们应该带着事后诸葛亮的所有优势来审视一下这种影响力的众多表现形式，审视一下它的好处与坏处，但却有很多颇具影响力的领导人，无论好坏，都难称得上伟大。领导学中的伟大包含有某种创造力的形式，而这种创造力最初则作为一种改变的观念而源自内心。这种观念必须是可被追求并可被达成的（至少是部分），为其追随者创造一些此前未曾有过的东西——用时下流行的术语就是变革。所有这一切都包含有一种对改变含义的评价，一种成吉思汗所处环境下的尖锐对立的观点。塑造他的那个社会的本质是什么？他所处环境有何特殊之处？变化无论如何都会来，而他仅仅是一个乘着变化浪潮的领导者吗？抑或他就是变化的工具？正如我们将要看到的那样，成吉思汗在许多方面都堪称伟大。

对于伟大领袖是什么的思考使我们转向了一个道德问题。伟大一定要意味着做好的事情吗？显然不是，因为在快速的变化中——那种由一个人影响很多年的变化——一些人无疑会遭受苦难。但这并不能成为宽恕强迫接受痛苦的理由。对于其人民来说，成吉思汗过去是而且现在依然是英雄与圣人，而对于他的牺牲者来说，他就是进行集体屠戮的罪不可赦的谋杀者。他有关世界秩序的观念对其人民十分富有感召力，然而正如其孙忽必烈在未能征服日本、爪哇、缅甸和越南，毋庸说更加遥远的地方时发现的那样，这一观念最终完全是一种妄想，而正是在对这一幻想的追求中，忽必烈使他的王朝踏上了毁灭之路。道德观随着时间与地点而变，天使蜕变为恶魔，但我们至少应该提出这些问题，并且来看看我们是否能够得出某种新的结论。

笔者希望展现的结论是，成吉思汗是一位伟大的领袖——尽管他做了很多邪恶的事情，仍属史上最伟大的领导人之一——因为正是他的许多正面的品质，使得他在蒙古与中国成为英雄。例如，在所有的人中间只有他有机会从其征服行为中获利，但他没有，或者至少是未以个人的方式。

他未腐败堕落、富有灵感、思想开放、充满好奇、慷慨大方、令人信服、还有许多其他的东西，这些都是一个暴君稀有的品质——也正是这一切使得他值得研究。

成吉思汗的领导艺术：

将要被考察的关键因素

背景1：是什么塑造了他

背景2：他想要改变什么

观念：他想要获取什么

说服力：他使用的手段

超凡魅力：他的诉求的本质

性格：其人格的本质

影响力：他取得了什么

道德评判：何为好，何为坏

伟大：评价其成就

第一章 性格：领导之根源

镜头仍停留在成吉思汗的脸上。一个声音从遥远的山下传来：别管他了，他肯定会死的！

然而，不，他不会死。他已经做好了生存的准备：皮带上斜挎着一把弓、一只装满箭的箭筒，还有一个盛着酸奶的皮囊。当声音消失后，他的表情变得些许宽慰，接着又刚毅起来。他从孩童时代起就熟知这个地方，因为他是在蒙古人的圣山之上。不儿罕合勒敦，正如其所称的那样，神圣的合勒敦，是他的人民的中心，他们在约500年前就已定居于此。他循着一串野鹿的踪迹下山，来到一条河流的源头，从这里可以清晰地俯瞰这条河，然后他停了下来，开始用从覆盖着较低山坡的柳树丛中折下来的枝条搭建一个隐蔽所。

三天后，他的朋友告诉他危险已经解除，他深深为自己能够幸存而感激上天眷顾。这并不是他第一次在不儿罕合勒敦的丛林与小径中找到躲避敌人的庇护所，但此前却从未像这次一样命悬一线。对他来说，似乎总有一些比逃生技巧与好运更多的东西牵涉其中。

他坚信——不，他深知——他在受一种神圣的力量操控。

这对我们今天的人来说听上去有些疯狂。但对于800年前的蒙古人来说，这种上天眷顾的信念正是成吉思汗权力与超凡魅力的源泉。的确，今天仍然有许多人对此深信不疑，他们在内蒙古东胜附近的一座所谓成吉思汗陵墓的庙宇里，对他的神灵顶礼膜拜。对于那些对领袖本质感兴趣的非蒙古人来说，这根本算不上什么解释。我们将它视作其感召力的结果，而非其原因。在我们更深层次地考察这种感召力之前，我们必须理解他为何与怎样才能宣称获得上天的眷顾以及为何他应被认真对待。

超凡魅力与上天眷顾

作为草原游牧民族，蒙古人信仰过一种根植于自然世界的宗教。尽管 13 世纪之前的宗教活动并无记录，但我们仍然有可能剥去后几个世纪的基督教、道教与佛教的因素而将注意力集中于他们古老的自然宗教的基础：萨满教。传统上说，游牧生活由巨大的苍穹、无尽的草原以及可能突然会变得极为严酷的天气主宰。冬天的气温可以降到零下 50 摄氏度，冰雪则会覆盖冬天的野草，饿死数以百万计的牲畜，依靠夏季优良草场的生计非常不稳定。而最高权力，蓝色苍天——呼和腾格里——也称长生天，则掌控着一切，并随机发布一些灾难与慷慨赐予，通过河流、泉水、雷电、火、太阳、风、雨和雪中的次等神灵来施行。到成吉思汗的时代，与其他文化的接触已经向蒙古人揭示出他们的腾格里本质上是与中国的天、基督教的上帝、穆斯林的安拉相同的神，是一种存在，他的愿望可被理解，并且如果以恰当的祈祷与祭祀仪式接近，也可被说服来为人类提供帮助。而当萨满巫师们戴上他们的面具，敲响他们的铃铛和鼓，并且进入一种能将他们带到祖先与神灵王国的神情恍惚状态时，他们便可靠得很近。普通人也可能希望得到一种腾格里观念，如果他们登上最高山峰的话。

现在（回到开始的情节），正如摩西（上帝的十二使徒之一，据《圣经》记载，摩西带领以色列人民逃出埃及，过红海，到西奈。在西奈山上，上帝亲授摩西"十诫"，即上帝子民必须遵守的十条戒律。

西奈山又叫摩西山，位于西奈半岛中部，海拔 2285 米，是基督教的圣山，基督教的信徒们虔诚地称其为"神峰"——译者）在西奈山上一样，成吉思汗也在蒙古人最为神圣的山峰之上。他并不需要萨满，他可以宣称与上天的神明取得直接接触。他发誓将永远把这里作为他的再生之地来祭祀，在每天清晨的祈祷中铭记它，而他的子孙后代也一样遵守这个规矩。面对升起的太阳，他以传统的对更高权威表示顺从的方式，把腰带挂在脖子上，脱掉帽子，双手捶胸，跪行九拜之礼，然后用手指沾着马奶酒向空中弹撒。

我们怎样知道这一切的？我们绝对不知道，因为他是唯一的来源，在这三天里并无他人伴其左右。他把事件的这一版本告诉了一些亲近的朋友，而他们则在附近为他的安全复出打探着消息。人们谈论、传播这个故事，并以记忆、传说与音乐来记录它。此时的蒙古人尚不知如何书写，所以没有文字记录。但他们有很长的音乐传统——一个世纪后，马可·波罗记载了蒙古人如何准备战斗，"然后，你会听到由许多乐器演奏的不同音乐的声音从阵中响起，还有在所有人中两个主持人大声唱歌的嗓音"——以及同样漫长的吟游诗人的传统。用杰出的蒙古学家，印第安纳大学的约翰·克鲁格的话来说即："人们可以放心的假设……这些史诗已经存在了数百年之久，而且也只被以口头传承的方式传播着。"① 可以想见，吟游诗人们使用各种弦乐器、笛子与打击乐器以及一系列的发声技巧，就像以呼麦而著称于世的低沉嗓音与鼻腔哨音相结合的歌唱方式，将成吉思汗的故事编成了长、短调民歌、史诗、故事及传奇。

---

① 克鲁格：《〈蒙古源流〉中的诗章》

《蒙古秘史》及其议事日程

　　尽管没有书写手段，没有坚实的证据，但从第一部书面蒙古语著作《蒙古秘史》中依然可以合理地推断出这些口传故事与诗歌的存在，该书也是唯一一部贴近当时成吉思汗生活的记录，反映了"纯粹的、十足的蒙古游牧部落的传统"。① 它的主题是成吉思汗由上天支持的崛起到帝国的建立。《蒙古秘史》很可能是在 1228 年蒙古的那颜们齐聚于蒙古中部推举成吉思汗的第三子窝阔台为其继任者时构思并书写的。随着来自中亚各地与中国北部的家族成员、部族首领及其人民的聚集，这样的场合将会是一个收集吟游诗人们正在吟唱的传奇故事的理想时机。《蒙古秘史》的三分之一是用头韵体的韵文书写的，其中的一些集中使用诗歌与有节律的语言来强调有特殊重要意义的事件和语录。它是一部"仍然处于诗歌创作初期阶段的人民的著作"，正如约翰·克鲁格评论的那样，它介于历史与史诗、散文与诗歌之间，包含了经过精心挑选的作为成吉思汗的祖先及其发展里程碑式的事件。

　　记住这一点非常重要：《蒙古秘史》反映的是一种成吉思汗所希望的自己被展示的方式，一定还有许多传说受到了他自己及其顶礼膜拜的子孙们的阻挠与压制。如果你愿意的话，可以将它看作为他用以塑造自己形象的媒介。作为关键证据，它应该受到欢迎，但一定要带有对其表面价值的高度怀疑。当一些事件将成吉思汗置于欠完美的境地中时，那正是他想要的——被看做一个得到上天支持的人，而自己并非神灵。带着这样的见解，就可以推断出许多与其性格相关的特质：

---

　　① 罗依果：《蒙古秘史》

这是一个满足于一些缺点被揭示，并未被其天赋蒙蔽的人；是一个热衷于展示自己与任何普通人一样的脆弱，但却获得了克服这种脆弱的力量与天分的领袖。（我们知道，孩童时代他怕狗，的确也应该如此，因为蒙古的狗曾经——现在依然是——被饲养得硕大无比且富有攻击性，以便赶走野狼吓跑小偷。）他并不民主，但也不是残忍的暴君。顺从是在与卓越的领导艺术的交换中赢得的。正如今天的蒙古人有时候带有宗教般的热情依然坚称的那样，他是一位让人心甘情愿为其效力的英雄。

在不儿罕合勒敦上，成吉思汗完成了他的跪拜礼。40 年后，当《蒙古秘史》开始书写时，一位佚名的吟游诗人把成吉思汗的感觉变成了韵文：

　　我登上了不儿罕合勒敦，
　　躲避了我微如虱子的性命。
　　爱惜我仅有的性命，
　　骑着我仅有的马，
　　循着驯鹿走的小径，
　　我登上了合勒敦，
　　用破开的柳条搭起的棚屋居住。
　　不儿罕合勒敦，
　　庇护了我的蝼蚁之命。①（余大钧译本——译者）

然后他下了山，与家人团聚，开始踏上了一条艰辛而又漫长的民族统一与帝国创建之路。在这条路的某个地方，在由一个 20 多岁的穷困潦倒者向 60 多岁的征服者转变期间，他的追随者开始相信，作为国

---

① 《蒙古秘史》的所有引文均来自罗依果英译本。

家的缔造者与帝国的创建者，他就是在履行上天的意志。《蒙古秘史》就是这样来展现他的。它的第一句话就宣称，他的远祖"奉天命而生"。的确，通过蒙古版的圣灵感孕说，成吉思汗的家族实际上与天神有关的说法，很快就被广为接受。"每天晚上"，他的一位女性先祖在解释她如何孕育成吉思汗的三位祖先时说道，"有个透明的黄色神人，沿着房的天窗、门额透光而入，抚摸着我的腹部，那光透入我的腹中。那神人随着日、月之光，如黄犬般伏行而出"。上天眷顾的观念被多次重复：根据成吉思汗及其后裔颁布法令的通用语，他的行为是"长生天护佑着"。这种宣称天命神授的推动力很可能来自于他，或者也可能由其他人建议并得到了他的允许。究竟是哪一种情况几乎没有什么意义，关键点是，在他的一生中，这已经变成了信条，变成了他的领导艺术中至关重要的一面。

成吉思汗的领导艺术之一

控制舆论

从宗教仪式到舆论导向，宣传始终是领导艺术中至关重要的因素。在成吉思汗的例子中，他必须依赖他的后裔。写于其死后不久的《蒙古秘史》就是被一位佚名作者精心构思来展示成吉思汗的中心思想：他就是上天意志的执行者。在这样的历史中，他暗示甚至在他开始履行其长达20年之久的统一蒙古各部的天赋使命之前，他就得到了这种信念的支持。这也许是真实的，因为不管怎么说它都起了作用。正如约翰·奈所言，"高超的叙述就是软实力的极佳源泉"。

但是结果如何？在基督教神学中，耶稣不仅仅是上帝之子，而且还是上帝的负有使命之子：拯救世界。《蒙古秘史》的中心观念就是长生天授天命于成吉思汗去统一两个主要的相互敌对的蒙古部落，然后是相邻的蒙古—突厥语各部，然后又是蒙古西部更加遥远的部落。这些人都将会成为"他的子民"。在他们的心目中，他最终将继续创建一个帝国，并承担更大的天命去统治世界。然而，正如随着帝国的发展将向其他地区的人民证明的那样，事实绝不仅只是承担天命。在成吉思汗去世近20年后，当蒙古人抵达欧洲时，他的孙儿第三任大汗贵由写信给教皇英诺森四世称，"在长生天的气力里，从日出到日落的一切地面皆已委付我们。除长生天命令外，何人敢有此作为？"

所以，对于当时的蒙古人来说这就是他们不言而喻的次序：

长生天的意志

导致

成吉思汗的领导

导致

统一与征服

对于蒙古以外的人民来说，这一逻辑几乎没有说服力，因为这是一个环形论证：长生天选择了成吉思汗；成吉思汗的成功证明了他在履行长生天的意志。对于我们这些寻求因果关系解释的人来说，除非一个领袖具有将上天意志变为现实的品格，否则，上天挑选领导人之说就毫无意义。所以在我们寻求的解释中，首要的是性格，然后这种性格被其人民接受，产生这样一个次序：

性格

导致

说服力

导致

群体行为

导致

统一与征服

幸运的是，《蒙古秘史》的作者与编辑者也有一种历史与心理解释的感觉，并给我们提供了一些证据。长生天的意志需要用"气力"被植入一种性格之中，即足够令人敬畏去实现那种意志的气力。所以，成吉思汗最初的力量以及他的性格特征又是什么呢？它们是怎样形成的？又是什么驱使他统一他的部落，创建一个国家，建立一个帝国的呢？

恰当时机的合适人选

伟大的领袖并不是在任何地方都随时可以出现的，他们兴起于对紧迫问题的对应之际。如果没有任何紧迫问题，那些空想及自诩的领袖们就会在背街小巷或收容院里嘟囔着其梦想而终老一生。一个国家被击败了，而一个希特勒则将失败当作其崛起的资本；另一个国家面临失败，而一位丘吉尔则站出来鼓励抵抗。蒙古人也同样如此。

约在 1130 年，亦即成吉思汗时代前 30 年，其曾祖父合不勒就已经成了全体蒙古人的第一位统治者，领导着一个以我们事后诸葛亮的观点看，具有国家雏形的草原部落联盟，但它却未能延续下来。讲蒙古语的人只是四处游荡的牧人，这使得他们在中国人看来仅仅是蛮夷但却十分危险，如果有可能的话，他们就会劫掠戈壁沙漠以南农耕的、定居的人民。所以当机会到来时，当时统治北部中国的金朝以树敌于此，联盟于彼的方式分化了游牧部落，用那一时代的时尚用语来说就是"以夷制夷"。随着每个首领谋求年轻血亲的忠诚与友情或者是对手的失败，蒙古社会又陷入了部族政治混乱与血亲仇杀的战乱中。每个男人、每个女人、每个家庭都有其盟约，所有的人都必须时时外出——为了草场、货物交易、婚姻伴侣——去探寻家庭与友情纽带不复存在以及敌意渐近的危险边界。一个年轻人可能会宣誓效忠一位首领，朋友们也会盟誓结为永久的兄弟，但背信弃义却屡见不鲜。一个不再能够提供保护与战利品的首领将会看到其心怀不满的权力基础就会在草原上瞬间烟消云散。成吉思汗就诞生于这样一个暴力横行与混乱不堪的世界。时机成熟到了需要一个领袖；而人民也做好了被领导的准备。

一旦统一，他们就有了征服的手段。他们深知，以他们的游牧方式，他们要远优于戈壁以南与以东的定居民族。甚至在今天，蒙古人——至少在乡村长大的蒙古人——仍然是世界上最坚韧的民族之一。他们一学会走路就学骑马，在习惯于贫困的环境下成长。在七月份举办的国家体育日的长途赛马竞赛中，十多岁的儿童就能在光秃秃的马背上骑行 25 公里甚至更远。作为成年人，他们的生计将取决于他们以马为基础的放牧技巧。他们曾经与其他马背骑射民族拥有同样高超的骑射技巧。以训练有素的队形，骑马的射手可以迅速包围农民的步兵与华丽的战车——"到这样的程度"，正如军事史学家约翰·基根（英国著名军事史学家，教授、作家与新闻记者，出生于 1934 年 5 月。出版了许多有关 14～21 世纪陆战、空战、海战以及情报战的性质与战争心理学方面的著作——译者）描述的那样，"以至于我们可以将这些游牧民看做军事史上最辉煌——也最险恶——的军队之一"。① 当对此做出应对时，中国的统治者依然采用的是对付蒙古以前的"蛮夷"（实际上就是匈奴，常因一些不确定的原因被称作匈人）的方法。这些蛮夷依然有优势，因为他们可以像烟雾一样在其开阔的平原上散去并且就像他们经常做的那样，以其简单的资源：草、水、肉、羊毛、皮张继续生存。尽管会偶有天灾，中国人也会取得胜利，但关于中国

---

① 基根：《战争史》

北方 2000 年历史的一个伟大真理就是，游牧民与中国人分别占据着不同的地域，游牧民自由游荡并随意发动攻击，而中国人则退到他们的城墙以及长城后面。（事实上，这道城墙只是个人工的屏障，而且是常常可以被洞穿的障碍，它环绕着一些相互重叠的环境——沙漠、河流、草原与农田。）来自中国的人口压力逐渐把两种文化间的边界向北挤压，直至今天位于长城以北数百公里处。

童年：性格形成期

所以，大约出生于 1162 年并听着其曾祖父的传奇故事长大的成吉思汗，应该已经意识到，生活不该只是个无穷无尽的劫掠牲畜、抢夺妻子、报复仇杀以及贫困的循环。有着恰当的领导，就有可能取得统一，也就可以夺取南方的财富。

男子汉常常由孩子长成，这位未来的领袖也是如此。在《哈佛商业评论》的一篇有关领导学的论文里，心理分析学家曼弗雷德·凯茨·德·弗里斯（1942 年出生于荷兰，著名的管理学家、心理学家，哈佛大学商学院教授，法国欧洲工商管理学院人力资源管理部主席、管理与领导学教授，论著颇丰，被《金融时代》、法国《资本杂志》、德国《经济周刊》、《经济学家》评为"管理思想家世界五十强之一"、"人力资源管理界最有影响力的人物之一"——译者）评论道：

一旦我开始了，我就会发现，商业领袖要比心理分析学家研究的大多数对象更为复杂……他们不可以太疯狂，否则他们通常无法升迁到高级职位，但他们却是极其具有紧迫感的人。而且当我对他们进行分析时，我通常会发现，他们的动力来自于被带到成年期的童年的生活模式与经历。①

幼年成吉思汗——铁木真，如其称汗前为人所知的那样——是其父母的长子。到四岁时就已经成为马背上的专家的他，将很快就会承担起家庭的重要责任：放牧五畜（绵羊、山羊、牛、马与骆驼），收集畜粪作燃料，并（在冬季）收集冰块来化水，管好家犬，防备野狼，驯服马驹，学习摔跤与射箭，猎取旱獭以及宰杀绵羊。（对着最后一项任务蒙古人有一项非常高效的技巧，包括将羊向后背弯曲，在前胸切割小口，伸进手去抓住心脏使它停止跳动。这听上去非常令人厌恶，但事实上，羊一旦被向后扭去，会非常顺从，而且这种手术似乎不会引起太大痛苦。）屠宰牲畜完全是一种毫无感情色彩可言的日常工作，这也使得牧人们在屠杀人类时也同样熟练与无情。除了在夏季的草让牲畜肥壮的7月末与8月，这项工作都很轻松。这个由祖父母、父母、其他四个孩子、仆人以及在此情况下的第二位妻子与她的两个孩子②组成的大家庭，形成了一个联系紧密的社团，一起外出到其他部落去交换食品、牲畜与衣物。相对而言，作为一位汗的后裔，这个家族家境宽裕，而其地位也由于铁木真的父亲也速该得到了保证。出身于贵族血统的他是一位著名的勇士，曾经在其子诞生之前，成功地袭击了东部敌对的塔塔儿部落。的确，他的儿子就是以一个被俘的塔塔儿人首领铁木真来命名的。这个孩子将会在一种并非任何人都可企及的安全中被抚养成人。

然而就在他9岁时，他发现事情会变得如此糟糕。刚刚将他安置在未来新娘家的父亲——这样的事情是在婚礼前很多年由父母来决定的——在回家的路上被居于满洲的仇敌塔塔儿人毒杀（为了报复类似

① 库图：《将领导者置于沙发上》
② 一位其他史料称为苏其吉儿的女人，《蒙古秘史》几乎对她只字未提。

俘获塔塔儿人首领铁木真之类的袭击）。另一个相关部族泰亦赤兀惕的首领夺取了控制权。铁木真和带着 7 个孩子（5 个自己生的，第二位妻子的 2 个）的母亲诃额仑失去了保护。比犯下谋杀一个出身高贵的家族之罪有过之而无不及的是，泰亦赤兀惕人抛弃了这位死去的汗的寡妻，掠走了她的牲畜，任由她及其子嗣在饥寒交迫中自生自灭。但他们生存下来——只是活着。在那关键的几年中，年轻的成吉思汗懂得了没有血亲联系提供保护，没有牲畜提供肉食、奶以及毡子建造遮风挡雨的毡房的生活究竟意味着什么，他渴望着草原的自由与安全。

让我们先暂停于此来检视一下这样的一种惨痛经历——父亲的死亡，家族遭排斥，他的世界分崩离析——对于一个年幼的男孩来说究竟会意味着什么。①

直到今日，在被要求设想这样的情感打击会对一个九岁男孩造成的冲击时，许多心理分析学家都会考虑到一系列不可避免的反应：抑郁，反社会行为，犯罪感，自杀倾向或想法，与朋友联系的崩溃。但情况并非如此，不仅现在，12 世纪的蒙古也一样。大量心理学研究都支持这样一种常识性的观点：假定在恰当的条件下，8 岁或以上的孩子们是能够以健康的方式去哀悼他们逝去的父亲的。成吉思汗深谙草原生活的危机四伏，应该已经为现在被看作健康哀悼的各个阶段做好了充分的准备：接受死亡的现实，坦然承认而不是压抑丧父之痛，有能力进行自我调整，并且也为保留对父亲的记忆做好了准备。用当代心理学家钟爱的术语来说，他已经"恢复原状"了。这里有在一系列研究中被定位于有助于"提高恢复"的特质。②

解决问题的技巧：

---

① 《蒙古秘史》说他 9 岁，按蒙古人的计算法，人一出生就是一岁，这使得他按西方人的算法只有 8 岁。但 9 有着象征的意义。他实际上可能会大一到两岁（但不会更小，因为他的妹妹，家里的第五个孩子，此刻尚在摇篮中）。

② 总结自赫德：《一个少年对丧父之痛的回顾》

社交能力；

目标观念；

保持远离家庭争执的能力；

自我照顾的能力；

很强的自尊；

构建亲密的人际关系的能力；

积极的人生观；

注重营养；

结构良好的家庭；

来自父母的很高而又可以达到的期望；

此外，研究悲痛的专家也建议参加葬礼①。成吉思汗可能已经看到了其父的尸体被摆放成坐姿，面前盛放着一些肉、马奶酒等祭品，接下来就是葬仪，也许会有一座蒙古包、一匹心爱的马、一副马鞍、一套缰绳以及其他一些奢侈品。作为一个贵族，他的父亲也很可能被以 13 世纪的中国官员彭大雅记录下来的仪式进一步祭祀着。彭氏在成吉思汗死后不久游历蒙古，他写道"其墓无塚，以马践蹂使如平地"。

与现今在乡村长大的男孩子一样，年幼的成吉思汗经历了所有这些因素。环境艰苦、要求很高、训练有素、家庭联系紧密、自给自足程度很高。成吉思汗失去了一根支柱——一个大的家庭网络——但仍有他的妈妈作为他的锚地。在被她的部族抛弃后，没有任何牲畜的她成了一位采集者，采集野果与根茎，正如《蒙古秘史》描述的那样：

高贵的母亲用野葱与野蒜

抚养的儿子们

① 沃顿：《孩子与悲痛》

将成为合罕。

有耐心与高尚的母亲

用榆树籽养育的孩子们

将变成有法度的贤明者。

在传统的蒙古社会，妇女是一种动产，可以被赠予，在婚姻中被抢劫，但也可以作为同等智慧甚至更为优秀者而赢得敬重。诃额仑正是这样的一个例子，她创造了一个典范，一贫如洗但却自给自足，同时意志坚定而且坚强不屈。她的儿子们以她为榜样，捕鱼并猎取小动物来帮助抚养家人。成吉思汗的生存有赖于她，而且在身体与心智方面成长得很强壮。这里又将提到凯茨·德·弗里斯，在引证作为领袖的理查德·布兰森（1950年出生于英国，维珍品牌的创始人，1999年被英国女王伊丽莎白册封为爵士，是一位富有传奇色彩的企业家、慈善家与亿万富翁——译者）与比尔·克林顿的例证后指出，"对我来说，似乎弗洛伊德的著名论断有很多真理，这就是没有任何东西会比作为母亲的爱更可导向成功"。他们的强势母亲都备受崇拜，而且对她们的儿子都具有超强的自信心。尽管失去了一个更广大的社团，但却得到了一个更为密切的家族。

成吉思汗还得到了另一笔财富，一个与他年龄相仿名叫札木合的男孩的友谊。这两位十多岁的男孩宣誓结为安答，或者"盟誓的朋友"，他们彼此交换用雄獐子的膝盖骨与铜制成的骰子，一同在冰封的鄂嫩河上玩耍。次年春，他们又重申前盟，交换用于狩猎的箭镞——札木合的是一个带鸣哨的箭头，铁木真的是一个球形的。没有人准确知道结为安答的盟誓究竟包含些什么，但其意义无疑远远超越友谊：它也是部落首领之间的一种契约，一种普通的家族联系之外的政治联盟。

听以前老人们说：凡结为安答的，就是同一条性命，

不得相互舍弃，要相依为命，相互救护。

相互亲密友爱的道理应该是那样的，

如今咱俩重申安答之谊，

咱俩要相互亲密友爱。

生存的精神力量

数年前，笔者对幸存问题产生了兴趣，尤其是为什么一些人能够活得很好，而另一些人却不能。那时有大量的有关外伤压力导致的精神紊乱的研究。但并非所有的幸存者都经历着这样的痛苦。一些人似乎能够比他人更好的应付。同样，一些人似乎更好地适应并因而幸存下来，而另一些人却命丧黄泉。为什么？笔者为一个电视系列节目做采访者，并在此后为 BBC 做了 18 期节目来收集笔者希望能够回答这个问题的证据。笔者听到了很多令人称奇的故事，但却从未得出希望得出的一般性法则。但笔者的确注意到了一些明显的线索：熟悉你突然被抛入的那种环境，这对克服惊慌失措与错误决定很有帮助；建立长期目标对超越现实的威胁颇有益处；不要相信上帝会来帮助，因为过去的每一分钟都表明他不会。略欠明显的暗示则似乎自相矛盾：接受死亡的可能是有帮助的，但要为生存而战，将现实主义与乐观主义结合起来说，"好的，我要死了"——带有一个关键的附言——"但不是现在"。①

另一个法则似乎也经得起诸多采访的检验。大多数笔者采访的幸

---

① 笔者对阿尔·希伯特正在写的新书《幸存者的人格》一书并不了解。

存者曾有过一个即使不总是幸福但也给了他们安全感的童年。在笔者看来，似乎正是这一点给了他们一种任何人都应该而且必须避免放弃生命的最为强有力的基本原则：它是这样一种信念，即世界本质上是一个可以生存的地方，它奖励行动，而且任何挫折都只是一种必须被克服的挑战。童年早期的不安全感就像一种酸一样起着作用，它会腐蚀掉这一基本原则，毁灭生存的基础，仅仅是因为挫折变成了充满敌意的世界的象征，而这个世界会削弱你的战斗意志并最终吞噬你。似乎总有一个下意识的思维在耳语，"你总该知道，这个世界对你充满敌意，你最好还是放弃"。安全感——无论是由父母，还是一个更广泛意义上的家庭或组织，或阶级体系，有时候或者是一所学校提供的——都会给一个健康的孩子一个基础，以此为出发点他们会去进行战斗，远离依赖而走向独立。然后，如果人格与机会相合，就会走向领袖借以产生的自信。①

当成吉思汗成长为青少年时，他家道中衰，但根本没有出局，而且还为战斗作好了准备。他的父母肯定和他谈起过其曾祖父合不勒汗统一各部落的时代，他们那时彼此相亲，而且能够对抗其他草原部落与中国人。他可能也听说过了合不勒汗的继承人俺把孩被金朝抓获，并被处死在一种叫木驴的刑具上的故事。他在死的时候大声疾呼复仇：

　　哪怕你们十个指头全部磨尽了

　　也要试着为我报仇

_____

① 在适应力方面还有一种遗传性的因素，这种因素可能会被所谓的抑郁基因破坏掉。这一基因（5－HTT 的一个变种）由压力触发，并且通过阻碍神经传递血清素的产生使携带者易于抑郁。或许这种基因在诸如传统的蒙古社会这种冷酷无情的进化环境的压力之下表达得不那么积极。在这种环境下，抑郁当然会大大增加死亡的可能性。现在有一个非常有趣的相关研究项目。

所以成吉思汗已经拥有了一种启示，也拥有了野心的精神基础，而他此刻还不具备的只是在危机中控制自己的能力。

在成吉思汗 13 岁那年的秋天，他和他同父异母的兄弟别克帖儿因为一些很小的猎物发生了争执，或许是因为别克帖儿不愿意与其家人分享他的捕获物，或许是因为谁将成为这个小团伙的首领。成吉思汗与他的弟弟哈撒儿向其母抱怨，而后者则训斥了他们，她说

不要这样，你们兄弟之间为什么要不和？在这个时候
除了影子外再也没有朋友
除了尾巴外再也没有鞭子

两个男孩愤怒地冲出家门，带着他们的弓箭伏击了别克帖儿，并将其射杀。

诃额仑如此狂怒，仿佛别克帖儿就是她自己的儿子一般。她用《蒙古秘史》强调的诗节一般的语言狠狠教训了他们一番。她大吼道"冤孽呀"，并训斥他们是一群富有攻击性的野兽。他们怎么可以在这个——那个现成的习语又一次被重复道——除了影子外再也没有朋友，除了尾巴外再也没有鞭子时刻谋杀自己的兄弟？

她引用旧词古语
训斥儿子们
非常生气

成吉思汗永远不会忘记这次来自这个世界上他最尊重的人的教训，而且终其一生，他都保持着对母亲的敬畏。

《蒙古秘史》中为什么要记载这样一种急躁而又胆怯的行为及其令人羞辱的痛斥呢？几乎完全可以确定的是，它得到了成吉思汗的首

肯,《蒙古秘史》里的所有故事也都一定如此。它是一条来自成熟的成吉思汗有关尚未成熟的自我的信息,揭示出这个刚愎自用的男孩还要有多少东西需要学习。教训之一就是对同情的需要。实际上,其母亲的反应是在告诉他:要牢记你父亲去世时你有什么样的感觉,你经受的打击与遭到背叛的感觉,想象一下当你这位本应最负责任的长子因为愤怒与短视威胁到家庭时,对于年龄更小、更弱的家族成员究竟意味着什么!

在这一事件中,还有另外一个直到最近才被人们意识到的教训。当今的心理学家认为,被压抑的人格中的一个因素,无论父母还是孩子,就是避免对抗的天赋。我们都知道这些惯用语:别管了,她会放弃的;争吵令我头痛;如果你爱我,你不会那样和我说话。但是一个行为具有破坏性的孩子,无论是身体的还是社会的,都应该被告知,而且并不仅仅出于家庭缘故,他或她需要知道——也可以间接要求其知道——为恶与从善之间的界限。否则一个孩子怎么能发现社会的规则呢?他又怎样作为一个成员而被社会接受呢?一位经常抚慰并且避免冲突的父母可能会造成长期的家庭关系的功能紊乱,使得孩子困惑不解,也许甚至会受困于此并一直影响到成年期的行为。诃额仑并没有犯这样的错误。在这里一种邪恶的行为被直接面对,而且是在情绪激动而又安全的境况下。这个男孩非但没有被排斥,反而被接受,非但没有压抑,而是接受了责罚。然后,在长大后,——正如《蒙古秘史》里这段轶事的存在揭示的那样——他想要他的人民吸取他的经验教训:犯罪,其潜在的破坏性结果与解决方式。

成吉思汗的领导艺术之二

接受批评

杀死其同父异母兄弟是一种犯罪。其母亲的愤怒给了他一个终生难忘的教训。一个不同的孩子可能会变得尖刻而心怀仇恨，但成吉思汗没有这样做。能够接受她的训斥，允许他人讲述这个故事就是通向一种对于建议与批评总是持有开放态度性格的开端——性格特质中一种现在以情商而著称的基本成分，也是最佳领导艺术的关键所在。

两种天赋：辨认盟友与采取决定性行动

已经成为一个能够很好地照顾自己的男孩的成吉思汗将面对更多的考验来磨砺他即将形成的品质。次年春天，这个家庭生存下来的消息传到了泰亦赤兀惕的首领那里，也就是那个曾经抛弃了诃额仑与她的孩子们的人。泰亦赤兀惕人发动了一次袭击。他们俘获了成吉思汗，并把他作为一个俘虏带走。

《蒙古秘史》里有关这段插曲的故事被着力叙述，因为它包含了大量有关成吉思汗性格的深刻见解。他本人也肯定出于这样的一种宣传目的而鼓励它的重述：这是一个有着上天赐予好运的正在形成的领袖。

约有一到两周时间，成吉思汗被当做囚犯看管着，被迫戴上木枷，一种锁住脖子与手腕的沉重的木制刑具，它的前面系有绳索，用以牵走或绑住犯人。

一天晚上，成吉思汗发现自己被交由一个名叫锁儿罕失剌的人看管，他是泰亦赤兀惕属部的一个并非心甘情愿的成员。他让他的两个儿子解开成吉思汗的木枷以便他能够睡得舒服些。如果机会出现的话，这就会是一个友谊的微弱的基础。

第二天晚上是满月，即蒙古人所谓的红月圆日，它在农历入夏的第一个月的十六日，即我们的五月。泰亦赤兀惕部聚饮欢庆，蒙古包散落在宽阔的河谷，斜坡长着稀稀拉拉的树木，畜群在偶有残雪覆盖的地面上吃着草，每座毡房外都拴着马。那天下午，被俘的成吉思汗就在欢宴的人群中，戴着木枷由一个"怯懦者"看管。

当黑夜降临，月亮升起时，人们——许多已经酩酊大醉——走向他们的毡房。成吉思汗瞅准机会，猛然从其看管者手中抽出绳索，摆动木枷击中其头部，跑进了森林。他听到了一阵大叫从身后传来，"拿住的人跑啦！"他必须找一个藏身之所，因为在月光下他很容易被发现，而且前面就是鄂嫩河。他找到一处死水湾躺了下来，戴着木枷的头尽可能贴近水面。

搜捕他的人钻进了树林，其中的一个正顺流而下走在回家的路上，那正是锁儿罕失剌。他看到了成吉思汗，非常吃惊地低语道，泰亦赤兀惕的兄弟们嫉恨成吉思汗是因为他"眼里有火，面上有光"。然后他说道："你就躺在那里吧，我不会告发你的。"成吉思汗应躲在那里等待危险过去然后去找他的母亲。

但他没有这样做，他还戴着沉重的木枷，脖子与手腕已被磨得血肉模糊。即使他有一匹马，他也不可能骑得了。步行逃脱将使他更容易被发现，而且他的衣服已被河水浸透，夜里的寒风接近冰点，就这样逃跑他无疑会被冻死。所以，当四周陷于平静后，他从水中站起身来，跌跌撞撞地顺流而下，去寻找锁儿罕失剌的蒙古包。

他找到了并走了进去。深知危险的锁儿罕失剌大惊失色，迫不及待地要成吉思汗离开。然而他的家人却一如既往富有同情心。两个男孩劈开枷锁将它烧掉，烘干他的衣服，给他吃了些食物，然后把他藏在了门外大车上的羊毛堆里，与此同时，告诫他们的妹妹这件事十分危险，不许声张。

第二天，继续搜寻其猎物的泰亦赤兀惕人来到了锁儿罕失刺的家，在翻遍屋内后，他们转向了门口的大车与车上的羊毛堆，就在即将发现潜逃者的那一刻，锁儿罕失刺再也无法保持沉默了。

"这么热的天气"他说，"待在羊毛堆里怎能受得了？"

搜寻者自己也觉得愚蠢，于是转身离去。

锁儿罕失刺如释重负叹了口气说："你险些让我的性命如炉灰一般被风吹走"，然后他要成吉思汗离开，并为他准备了食物和水，给了他一匹马、一张弓与两支箭，但却没有给他马鞍与引火绒，因为这些东西可被用来追踪那些留宿他的人。成吉思汗骑着马逆流而上疾驰而去，最终与其家人会合。

在所有这一切中，成吉思汗的生存本能起了关键作用。他头脑冷静，在正确的时机采取决定性的行动，并且选择了正确的盟友。复仇是美妙的，但也只是在不危害安全时才如此。为了达到这两点，他需要的不仅仅是勇敢与武士的技巧，而是需要一个真正的领袖具备的社会与政治的智慧。到他十五岁的时候，这些智慧与技巧被很好地建立起来了。

最初的外交活动

他已经有了一个赖以经营的基础。在被毒杀前的几年，成吉思汗的父亲曾经带他去过一个遥远的毡房，它属于一个与成吉思汗家族世代通婚的部族的成员。尽管只有九或十岁，两个孩子订婚了。此刻已经是十六岁的成吉思汗回来迎娶他的订婚新娘孛儿帖。

《蒙古秘史》并未描述婚礼，因为每个人都对其中涉及的仪式了如指掌，而且对我们了解他的性格也没有什么帮助。唯一有意义的物品是给成吉思汗母亲的黑貂皮袄。那一定是一个意义非同一般的物品：长而华丽，乌黑油亮。成吉思汗及其兄弟立即就看出这件物品价值非凡，并且把它放在一边当作安全保护伞一样保管起来——很可能是得到了诃额仑的首肯，否则他们怎会胆敢如此。

成吉思汗不失时机地巩固他作为已婚长子日益增长的地位。他已经有了一个名为博尔术的得力助手，此人曾帮助他找回了被盗的马匹。他也已经可以依靠他自己的兄弟、幸存下来的同父异母兄弟、札木合以及母亲与妻子的部落了。他还需要更多的帮助，而且知道去哪里寻找。

远在成吉思汗出生前，其父也速该便与长城以北最大的部落结成了联盟。克烈亦惕部的首领脱斡邻勒为巩固其位，曾杀掉了他的几位叔父，后被一位复仇的亲属赶得四处亡命。在也速该的帮助下，他又重夺汗位，于是他们成了"盟誓兄弟"，血亲以外的男人之间最为牢固的誓约。此刻，已经打破使克烈亦惕部纷争不断的旧有部落体制的脱斡邻勒统辖着两个"万户"或军团，还有一支精锐的卫队。将他争取过来成了成吉思汗首要的政治挑战。与其父的联系虽足以为成吉思汗赢得一次倾诉的机会，但却不足以赢得一个承诺。但他却真的有颇具诱惑的物品奉献：那件黑貂皮大衣。而且它也的确起了作用。"为了答谢你送给我的黑貂皮大衣，"脱斡邻勒说道，"我要为你把离散的百姓聚合起来。"

加利福尼亚大学领导学学院的主要创建人沃伦·本尼斯（1925 年出生，领导艺术的指导者，组织发展理论创始人，美国当代杰出的组织理论、领导理论大师。他曾是四任美国总统的顾问团成员，并担任过多家《财富》500 强企业的顾问，1993 年及 1996 年两度被《华尔

街日报》誉为"管理学十大发言人"之一，被《福布斯》杂志称为"领导学大师们的院长"，《金融时报》最近则赞誉他是"使领导学成为一门学科，为领导学建立学术规则的大师"——译者）教授在一篇以《皆大欢喜》中杰奎斯《男人七阶段》讲演为基础而撰写的诙谐智慧的文章中，对年轻领导人的生涯中这一不确定的阶段做了描述。"啼哭呕吐"的婴儿是未来的领袖，他需要一位父母一样的人物，一位导师来帮助做最初的决定。（顺便说一下，曼托尔是奥德赛去参加特洛伊战争期间将其事务托付于他的朋友，尤其是对他的儿子忒勒玛科斯的照料，正是因曼托尔之名，我们有了一个值得信任的"导师"的词。）有抱负的年轻男女能够意识到需要指导，并去寻找或带着善意接受一个导师，这无疑是早期的成熟的标志。成吉思汗的导师与父亲一般的人物就是这位狡诈而又经验丰富的脱斡邻勒——无论如何他都将向成吉思汗证明何为背信弃义，并迫使他在信赖自己的这条道路上继续前行。

理想：激励自己并赢得追随者

约在 1189 年成吉思汗 19 岁时，发生了另一次逆转。他崛起的消息传到了篾儿乞惕人那里，这是一个居住在色楞格河以北今俄蒙交界处的一个由诸多部族组成的部落。成吉思汗的母亲诃额仑就是由他的父亲从篾儿乞惕人那里抢来的，因而他们对此怀恨在心。发动一次跨越 350 公里的森林、河流以及开阔的草原的袭击将会是一场规模庞大的行动，但在成吉思汗变得太过强大之前，这依然是一个复仇的好时机。

一天清晨，当成吉思汗一家在靠近克鲁伦河源头的一片宽阔的河谷宿营时，一位老仆人被狂奔的马蹄声惊醒并大声呼喊发出警报。诃额仑抱起五岁的女儿和年轻的男子们一同骑马飞奔逆流而上逃进不儿罕合勒敦的森林。而孛儿帖与年老的仆人却被落在后面没有坐骑，他们只好乘坐一辆牛拉的有篷大车奔逃，但不久就被赶上。年轻的男人们下了马打开门，发现了他们的战利品。对不儿罕合勒敦陡峭山坡的大范围搜索一无所获，他们带着俘虏撤退了。

就在成吉思汗逃进不儿罕合勒敦，在那里躲藏了三天，神奇地逃脱了追捕，并对圣山与上天深表谢意期间，一个坚定的信念在他与其追随者的思想中扎了根，这就是他得到了长生天的护佑。

现在，没有人会相信这种观念会真的来自上苍，字面意思就是来自蓝天。然而，在缺乏怀疑的时代，国王与皇帝们煞有介事地宣称得到天命的支持的确是司空见惯的事。在基督教与犹太教的西方世界，这种源于摩西五经（又被称为摩西五书，是西伯来圣经最初的五部经典：《创世记》、《出埃及记》、《利未记》、《民数记》、《申命记》。它是犹太教经典中最重要的部分。同时它也是公元前6世纪以前唯一的一部希伯来法律汇编，并作为犹太国的法律规范。其主要思想是：神的创造、人的尊严与堕落、神的救赎、神的拣选、神的立约、神的律法——译者）的观念作为一种信条已存在了千年之久。无论何时，只要有可能，国王们总是喜欢通过教会来获得神授天命，这也就是为什么查理曼大帝会在公元800年安排教皇加冕他为神圣罗马帝国的皇帝。17世纪早期，詹姆士一世将这一原则程式化，他写道，国王由"上帝赐予人民与政府的职责"。一些陈腐的术语与字母就保留了这一观念：英国的硬币上依然宣称，女王拥有她的地位因"DG"——蒙主恩宠，即由上帝赐予。东方人也相信这点，中国的皇帝们在继承或夺取权力时都会宣称君权神授。但是一种合法的诉求却不仅仅依赖权力：要求者需要保证统一，举行恰当的仪式，展示出高尚的道德。成吉思汗的先祖们或许他本人也了解这些，与金朝有过接触，后者则在1125年占据中国北部及东部时也曾宣称神授天命。成吉思汗及其家人也知道脱斡邻勒的信仰，聂斯托里基督教。或许脱斡邻勒也坚称统治之权来自上帝。无论如何，任何一位值得尊敬的领袖都需要上天的支持。而《蒙古秘史》有关该事件版本的有趣之处在于，它把授命的时间提前了，上天在成吉思汗获取权力之前就预先授命于他，而在中国人看来，上天的支持则在践祚之后。

这是通向领导地位非常重要的一步。尽管还会有许多军队、征服与入侵，但却没有什么会比这种扎根于精神世界的信念更具鼓舞。尽管脱斡邻勒是聂斯托里基督徒，但并无证据显示他是以基督的名义进行战斗的，而基督的训言总体上说是和平的。然而在亚洲的另一端却兴起了一种将精神与战争联系到一起的教义：伊斯兰教。尽管先知教导说，"事关信仰不应有强制"，尽管《可兰经》也仅仅赞同"正义的"防卫战，但伊斯兰教的追随者们很快就把宗教的冲突与政治的冲突联系起来，把信仰的传播与宝剑联系起来。其天命就是要整个世界"臣服"（"伊斯兰"一词的含义就是这样）。蒙古人与穆斯林商人有联系。上天支持与统治世界的观念扎根于一个有志于权力与政治统一的蒙古青年心中难道只是一种奇特的巧合吗？尽管没有证据链的支持，笔者依然认为事实并非如此。

此刻成吉思汗正处在踏上领导的下一个层面的边缘。首先他接受了生存教育，然后是自给自足的成长，接下来是寻求与承担责任的意愿。此刻他是部族领袖，负有做出不断轮回、非常重要而且常规的决定的责任，譬如何时何地放牧、狩猎、宿营等。但在他的心目中，也许有着更加远大的抱负。他肯定还记得其父讲述的有关合不勒汗所取得的成就的故事，也不会忘记俺把孩被钉死在木驴上时的复仇呼唤。他也继承了其父获取更大权力的野心。或许他最亲密的伙伴已经开始认真对待他有关得到上天保护的狂言。作为一个有抱负的长子，他肯定不会只希望与其父与先祖合不勒媲美，而是要超越他们。

成吉思汗的领导艺术之三

拥有理想

领导者与领导学的理论家对有关理想的需求有颇多论说。但一个极富鼓舞作用的理想却是恰当的环境、恰当的幻想与恰当的人之间的一种十分罕见的结合。而这个人必须要臆造出它，与它交流，并使追随者相信它。成吉思汗部落统一的理想首先会威胁到他的对手，所以统一远远不够，他可能只是似乎过于自信。而正是最初的成功与其获得天命支持的信念的结合才激起了那些潜在对手的忠诚。然后那个理想才能够成长：蒙古人能够统治一个国家、一个帝国、整个世界。

接下来就该去寻找成吉思汗议事日程的线索。他决心为自己及其人民造就一种安全，而这也就意味着必须最终逃离无穷无尽的兄弟阋墙、血亲仇杀与复仇的轮回。这反过来也意味着传统的部落体制的终结。而这一切又究竟该如何取得？只有通过解散部落本身，并且使其全体成员都成为名义上的蒙古人来实现。他所追求的不仅仅是一种破坏，而是一种有目的的破坏，即将展开的事件表明，这种破坏就在他的议事日程之中。

第二章 军事领袖：
如何缔造一个国家

　　成吉思汗的下一个任务就包含了他有记载的第一次领导行为：他必须拯救孛儿帖，否则其声誉的损害就会无法修复。这种情况无论如何都会发生，作为一个潜在的领袖，他开始踏上了一条充满变数的道路。

　　他向那个自己称其为"父亲"的人脱斡邻勒求助，后者则信守承诺。这位年长者召集起他的两个万户的骑兵，并告诫成吉思汗向其幼年时的朋友札木合求援。此刻札木合也是其部族的领袖，与成吉思汗一样，是个应被认真对待的人。信使在三位领袖之间往来驰骋：脱斡邻勒驻牧于今乌兰巴托附近的草原，成吉思汗则在距此 250 公里以远的肯特山一带，而札木合更是在距肯特山 100 公里之遥的鄂嫩河两岸。将他们三者联系起来绝非易事，一次 700 公里的往返要花约一周时间，期间还要多次换乘马匹。札木合同意提供另一个万户，并详细部署了会合的时间与地点——就在形成蒙古中心的山峦与沟壑交错的北部地区。

　　《蒙古秘史》对接下来发生的事做了详细的叙述，也给我们提供了与 12 世纪蒙古的领导艺术基本原则相关的另外一个教训。脱斡邻勒的部队东进与成吉思汗规模小得多的队伍会合，然后又绕肯特山北上与札木合相会。

　　但是情况似乎不妙。仅有约 100 公里行程的札木合已在会合地点等了三天，并且正在变得日益焦躁愤怒。这里并不是开阔的草原，而是一片有山脉与森林环绕的草地。这里已经聚集了数千人的军队，正在消耗着自己的粮草，返回其牧地的躁动与不安日益增长，而放牧连同其两至三匹备用坐骑在内的战马则需数千英亩牧场。此外，每个游牧的篾儿乞惕人都会很容易发现这支军队并且逃离报警。每一天的延迟都可能会造成灾难性的后果。这也就是《蒙古秘史》通过将札木合的愤怒变为诗节强调的事件。

咱们不是说好了

即便有风雪

也要守约

即便下雨

会合时也不落后

咱们蒙古人一经应诺

就跟立了誓一样

不是吗

成吉思汗与脱斡邻勒毫无怨言地接受了这顿训斥，而那位年长者则承认道："我们晚了三天才到达约定的地点，愿服从札木合弟的处罚。"这是要这个国家未来的领袖——以及听这个故事的国家精英——来铭记的：如果你是一位领导人并且做出一个承诺，无论发生什么事情，必须遵守诺言。这就是成吉思汗在此次经历及其盟誓兄弟那里得到的教训。而值得感谢的是，后者在提出批评的同时还依然恪守对战役目的的承诺。这个故事还暗含着第二个教训：脱斡邻勒"父亲"较之成吉思汗有接受正当批评的明智。如果这里有什么真理应被揭示的话，那就是领导者应该公开接受批评。在这一事件中，情况有可能会变得非常不同：缺乏安全感的领导人会勃然大怒、撤军、心怀忿恨、对抗以至于最终的公开的暴力。正如事实所示，三人重申了盟

誓，战役得以继续进行。

成吉思汗的领导艺术之四

信守承诺

正直是高超的领导艺术的一个基本特征，因为没有它，盟友的信任以及此后向下的指挥链条就会消失，士气就会低落，协调一致的行动就会变得不可能进行，产生丹尼尔·克尔曼（著名小说家，1975 年生于慕尼黑，现居维也纳，他的长、短篇小说被译成了十多种语言，获得过多种奖项——译者）所说的那种"有毒的组织"。而将一个团体凝聚在一起的情感的纽带就会断裂，或者用克尔曼的话说就是"共鸣"就会让位于"非共鸣"。结果就是：挫折、失败以及声誉扫地与梦想破裂。

在接下来的约一个星期时间内，这四个万户——12000 人或者更多一些——翻越群山向北进发约 400 公里到达了篾儿乞惕人的营地。由于规模太大无法达到完全的突袭效果，得到猎人报警的篾儿乞惕人惊慌失措，四处奔逃，并将他们俘获的人质孛儿帖放在一辆奔逃的大车上。追逐的人群中就有成吉思汗，他大声呼唤着她的名字。听到呼唤的孛儿帖从车上一跃而下，在夜色中向他奔去，抓住他的缰绳，"他们互相拥抱起来"。这是一个非常浪漫的画面——当然也太过浪漫以至于不大可能是真实的——但它却强调了这次战役的成功。篾儿乞惕人四散溃败，许多被俘的妇女都做了妾或仆人，孛儿帖得救了，因错误而变得更加明智的成吉思汗此刻成了一位真正的领袖，并且作为一个战利品与女人的提供者以及一个为了爱、荣誉与复仇甘冒任何风险的人而备受仰慕。

但有一个阴影却挥之不去。孛儿帖不但被篾儿乞惕人俘获并看管数月之久，而且也遭到了强奸。当成吉思汗找到她时她已经怀上了她的第一个孩子，一个名叫术赤的男孩。没人能说得清他究竟是成吉思汗的儿子还是"篾儿乞惕杂种"，正如成吉思汗的其他儿子们后来所宣称的那样。但这并不重要。如果成吉思汗介意，他就不会向孛儿帖或其人民指出这一点。在一个妇女经常被绑架以及拯救的文化中，对于父系的怀疑堪称是一件极为普通的事情。而术赤也将显示出他的众多缺点——自吹自擂，常常过于热衷反对其父的意愿——但成吉思汗却始终将其视同己出。

背叛的风险与回报

在接下来的 18 个月里，成吉思汗一家与札木合共同驻牧于一处，最初的相处十分融洽，随后关系日渐紧张。两者之一必定要处于支配地位。正如《蒙古秘史》描述的那样，当札木合给成吉思汗提供一种选择时，这种竞争变得公开化了：他们应该在适于牧马的靠近山脉处扎营，还是在适于牧羊的涧水边扎营？成吉思汗对此困惑不已，于是去向其母征询建议，孛儿帖插言道，札木合喜新厌旧，如今到了厌烦咱们的时候了。他可能是在策划某种阴谋，或者制造事关领导权的危机。我们应该与他分开，我们移营吧。

于是他们分开了。

对于这段文字，学者们的困惑不亚于成吉思汗。他为何会迷惑不解？或许因为他只是一个次要的伙伴，而老板札木合却不去亲自行使这个例行的决定权。但接下来是，为什么在这件奇怪的事情中，诃额仑会被孛儿帖打断？

　　罗依果在其有关《蒙古秘史》译著的评论中提出了一个答案。造成部落分离的这段描述的目的在于将对这个决定的谴责转移至札木合与孛儿帖。成吉思汗只是（a）一个我们应予同情的可怜的牺牲品；（b）他尊重他的母亲，（c）拥有倾听妻子的良好的判断力。实际上，真实的情况应该是成吉思汗通过强迫蒙古部落的领导人们做出选择这种方式，提出了他对领导地位的诉求。因而，我们所拥有的这个版本，用罗依果的话来说，就是对成吉思汗事实上"冷酷的背叛盟友与伙伴"行为的"正式的"认可。完全有这个可能。如果事实如此的话，这就不会是第一次——也绝不会是最后一次——一位潜在的领导人为实现其野心而背叛盟友，然后利用媒体把责任转嫁到牺牲品上。

　　成吉思汗可以简单地转身离去并且就此销声匿迹。但相反的情况发生了。《蒙古秘史》将一系列小规模的征服与投降浓缩成了结构紧凑的戏剧性事件。黎明时分，其他部落加入了成吉思汗：首先是三个，然后又是另外五个，然后更多，所有这些人都选择了成吉思汗而非札木合做领袖，因为成吉思汗可以给他们提供一些札木合无法提供的东西：责任、忠诚与慷慨（以及如果罗依果是正确的话，还有对其敌人的无情仇视的威胁）。这样的流言四处传播：年轻的成吉思汗就是蒙古人为恢复其统一安全及财富所需要的那个人。《蒙古秘史》使用了非常令人瞩目的宣传手段，讲述了一个名叫豁儿赤的阿谀者，此人带着虚幻杜撰但却恰逢其时的消息招摇过市：

　　上天神告降临于我使我亲眼目睹了……一头无角的黄色公牛驮着、拉着大帐房的下桩在铁木真后面循着大车路而来，吼叫说："天地商量好，让铁木真当国主。"

　　于是乎，各种迹象、预兆、部落首领的变节与誓言，牧人、房车匠与剑客纷至沓来，争相臣服。

　　弄懂成吉思汗如何出现在顶层，将会是进入一种在多变基础上玩耍的复杂的游戏——如果我们拥有细节的话。传统表明，领导者们不会轻易放弃与家人、部族、盟誓兄弟的誓言，但如果有一个足够强大的理由这样做的话，他们则常常放弃，同时还要忍受与此相伴的心痛。在 1190 年代早期，成吉思汗至多仍然是一位二流人物，而且在某些情况下甚至更差，然而他获得了成功。他如何做到这一点并不总是很清楚，因为《蒙古秘史》的记载大多含糊不清。做这样的猜测或许合理：这就是完整的故事已为人所共知，成吉思汗的优势在于其平衡外交与背叛的技巧，而《蒙古秘史》则通过隐恶扬善的方式使其见诸史册。

　　例如，札木合曾经派遣一支军队去进攻成吉思汗，结果对于成吉思汗来说是灾难性的，他逃进了崎岖不平的鄂嫩河上游，又一次在不儿罕合勒敦的山脚下获得了庇护。在《蒙古秘史》有关这些事件颇为不连贯的叙述中，一个令人震惊的事件尤为突出。札木合命人"将赤那思氏（狼）的子弟们活活煮死在 70 个大锅里"。有关这一记述的含义学者们多年来一直争论不休。大多数人认为这是指一个效忠成吉思汗的小部落里的男性首领，而该部传说中的图腾祖先是狼，或者是一个以狼为名的祖先。活烹的确是一种现成的处决方式，而做出 70 并非准确数字，仅仅意味"很多"的假设也非常合乎情理。此外，札木合还砍下了一位敌对部落首领的头颅，并将它拴在自己的马尾巴上拖着走。这两个处心积虑的残忍与羞辱的例证是作为与成吉思汗的领导风格相对立的参照物而被设定的。如果取胜的札木合是一个热衷于通过恐怖手段来进行统治的谋杀者的话，那么甚至处于溃败境况下的成吉思汗则完全与之相反。

　　但这里也隐藏着另外一个教训。不久，成为国家领袖的成吉思汗会是一位恐怖大师，将会以极其恐怖的方式来释放死亡与毁灭。所以，人们可能会设问，札木合活烹 70 人并将斩落的头颅拖于马后有何过错？这种行为未起作用又因何故？成吉思汗及其追随者并未一蹶不振，他们没有投降。相反，这种暴行却激励他为争取复仇与胜利付出更大的努力。札木合之所为正是那种很恶劣的领导者的行为，这并不是因为他实施暴行，而是因为他实施了形式错误的暴行。如果极端暴力有用，那么它的被选择与实施就应该出于冷酷的计算，而非出于盛怒。恐怖的实施就必须要衡量它的优缺点并根据于己有利的原则去加以平衡。它必须要拯救己方的生命，必须要为自己的利益服务。就像一个功夫大师一样，一位领导人为了与前敌人共处，就必须或者选择宽宏大量，或者诉诸彻底的冷酷无情。正如美国在越南与伊拉克发现的那样，各占一半———一只手是良好的愿望，另一只手却是令人震惊的暴行——不会起作用；而三心二意的暴行，就像德国对伦敦的闪击战揭示的那样，也同样毫无意义：两者都坚定了抵抗意志。或许正是这一插曲给了成吉思汗一个教训，他将把这种令人恐怖的效力施加于中国与伊斯兰世界。

还有一次，金朝派遣一支军队进攻塔塔儿人的消息传了过来，这是一个位于金朝与蒙古边界之间的部落，长期以来受到金朝的培植、贿赂甚至诱骗，来充当金朝与蒙古之间的缓冲器。但是随着蒙古人、其他部落以及塔塔儿人经常不断的分化组合，这种情况并不稳定，他们经常联合抗金或陷于彼此之间的争斗。此刻，金朝已经失去了对其以往的仆从的耐心，并派遣一支军队去迫其就范。成吉思汗立即做出了决定，他请求脱斡邻勒利用这次千载难逢的机会去进攻那些毒杀他父亲的人，而其父也是脱斡邻勒的盟誓兄弟。他们联合发动了对塔塔儿人的进攻并取得了胜利，同时也促使塔塔儿人转而支持札木合。

他为何这样做？绝不仅仅是为了摧毁宿敌，而且也未能做到这一点。开启与南部强大的政权金朝的联系，才是这次行动真正的价值所在。金朝的都城是北京，那是一个充满艺术、诗歌、美食、丝绸的地方，那里还有中国与女真官员的翰林院以及中国式的考试体系。难怪成吉思汗热衷于和金朝联盟，而且也做到了。金军的将领封其为忽里。无人知晓忽里的意思是什么，所以这应该不是一个很高的官职，但这至少是一张进入财富与纷繁复杂世界的入场券，如果他选择利用的话。

蒙古人自身仍然分裂为六七个纷争不断的部分，而且仍然有许多事情有待决定。在某一刻发生于蒙古东部平原的一次大战中，札木合与塔塔儿人的联盟遭到暴风雨袭击，并且分崩离析。札木合逃脱了，但塔塔儿人遭遇了灭顶之灾。成吉思汗命令道：

把凡比车轴高的人全部杀光。

这听上去像是种族灭绝，只留下了低于车轴的幼童。实际上，它远不如听上去那么残暴，因为它是指首领家族的成年人与男性青少年："其余的分给各家做奴婢。"请记住（a）塔塔儿人杀害了成吉思汗的父亲；（b）该部是传统的宿敌；（c）可能会有其他的解决方法；（d）这种恐怖的手段起了作用。作为一种势力的塔塔儿人从此烟消云散，幸存者成了财产，并且获取了蒙古人的新身份。两位塔塔儿贵族妇女成了成吉思汗的妻子，其中之一的也遂后来变得与其长妻孛儿帖一样亲近。一位名叫失吉（失吉忽突忽）的男孩则被收养入成吉思汗的家庭，后来官至首席大法官。

如果说《蒙古秘史》对于政治、战略以及军事的细节草率从事的话，那么，其作者却煞费苦心地致力于成吉思汗最为看重的一种品质——忠诚事例的记录，这也是草原生活中最为基础性的美德。在一次战斗中，成吉思汗为箭所伤，一个人冒着生命危险去拯救成吉思汗，吸吮其伤口有毒的血液，并潜入敌营偷取食物；而另外一人——一个战俘——则坦率承认是他射杀了成吉思汗的坐骑。在这两个勇敢与诚实的事例中，当事人均受到了奖励，并进而成了将军。

但个人的忠诚——他们对于成吉思汗以及成吉思汗对于他们的忠

诚——并非这一美德的本质。这次战斗之后，曾经抓获成吉思汗的泰亦赤兀惕的首领被其属部的一个人及其两个儿子俘虏。这位首领乞邻勒秃黑体态非常臃肿，不能骑马，所以得一绰号塔儿忽台（胖子）。这三人强迫"胖子"乞邻勒秃黑上了马车，然后带着他们的战利品去投成吉思汗。然而在路上他们想起了成吉思汗有关忠诚的毫不妥协的观点，于是开始怀疑他们的做法是否明智。他们的俘虏毕竟是他们曾经发誓效忠的首领，成吉思汗不是曾经说过要"族诛那些对自己的正主、君主下手的人"吗，由于不愿被成吉思汗当作叛徒，他们放走了俘虏，两手空空去投奔。这是一个足够明智的举动。尽管成吉思汗很愿意处死乞邻勒秃黑，但他还是将忠诚置于了复仇之上。

成吉思汗所鼓励的并非针对某一特定君主或主人的忠诚，而是针对对忠诚观念的忠诚。就笔者看来，这似乎就是其领导艺术的一个令人惊异的进步：承认领袖的角色比承认领袖个人具有更加重大的意义。欧洲的君主政体，尤其是在内乱期间，贵族们常常会因为他们应将忠诚置于何处而苦不堪言：置于王冠还是佩戴王冠的人，是置于这一观念还是个人？在中国，当上天似乎在把天命转向新的王朝时，官僚们也经历着类似的痛苦：准确说，一个人应该在何时改变其忠诚？在成熟的民主体制中，存在于民主的忠诚观之后的正是这样一种思想：领导人可胜可负，可来可去，但无论发生什么，作为政府与忠实的反对者都必须要坚持那种领袖与其追随者所接受的理想。

这里就有一些成吉思汗作为巩固其领导基础的"核心价值观"而接受并提倡的内容。正如戈尔曼所评论的那样，这样的领袖"引起共鸣：对于他们的使命，他们有着真正的热情，而这种热情又极富感染力"。

失败的边缘

在接下来绵延不断的战斗中，成吉思汗有胜有负，直到一个他不得不溃逃以求生存的低点。他带着硕果仅存的 2600 人，沿着哈拉哈河奔逃，来到了一个名为班朱尼的湖边，尽管该湖在何处从未有过共识。接下来发生的事情可谓意义重大，因为它不但就军事角度而言标志着成吉思汗的最低点，而且就领导艺术而言还标志着转折点。正如中国的史料所载，这位未来的皇帝几近灭亡。根据这些史料，成吉思汗与其 19 位忠诚的伴当（他们每个人都带有一小队士气低落的人马）忍受着极度的困乏。他们是一小群由成吉思汗宽广而又非种族见识聚集在一起的蒙古人、穆斯林、回鹘人以及契丹人的混合体。所有的人都不得不饮用班朱尼浑浊的湖水。

有两则史料对此记载完全相同，其一称：

> 至班朱尼河，饒粮俱尽，荒原无所得食。会一野马北来，诸王哈札儿射之，殪。遂刳革为釜，出火于石，汲河水煮而啖之。太祖举手仰天而誓曰："使我克定大业，当与诸人同甘苦，苟渝此言，有如河水。"将士莫不感泣。

没有什么会比这样一个领袖愿与其伙伴同生死共患难的时刻更能锻造一种联系了。莎士比亚非常了解同舟共济、生死与共的意义，于是他让亨利五世（1387～1422，英格兰国王，曾大败法军于阿让库尔，征服诺曼底，迫使法国接受特鲁瓦条约，成为法王继承人与摄政——译者）在与法国人大战于阿让库尔之前说：

今天与我一同流血的人

就是我的兄弟

"饮班朱尼水"的经历就是成吉思汗的圣克里斯平日（罗马的基督教殉教士，鞋匠之子，为罗马皇帝斩首——译者）。这些学者们称之为班朱尼誓约者的人，成了一群以与主人、那颜、勇士共度时艰、共立盟誓为荣的兄弟。这也是一个"宅心仁厚者讲给其子孙后代的"故事。（当然并非所有人都是这样。尽管意义重大，该事件在《蒙古秘史》中却被完全忽略掉，很可能是因为到《蒙古秘史》写作时，这些伙伴中的一些已经变成了不受欢迎的人。）

成吉思汗的领导艺术之五

共度时艰

成吉思汗的远见卓识是革命性的：部落制度的结束与国家的统一。而革命性领导的本质就需要牺牲。用詹姆斯·麦克格雷戈尔·伯恩斯的话说就是："领袖们必须绝对献身于事业，而且还要能够通过付出时间与努力来证明这种献身，即使冒着生命的危险，经历监禁、流放、迫害与持续不断的艰辛。"共度时艰并不能保证成功，许多勇敢的、被误导的领导人白白死去并被遗忘；但拒绝这样做却几乎确定无疑是失败的保证。成吉思汗位于幸运者之列。那些为其事业及追随者历经苦难终获成功的革命领袖还包括亚历山大、耶稣、穆罕默德、毛泽东、列宁、卡斯特罗与曼德拉。

许多其他领导人知道如何以现时的苦难而不是高尚的事业去激励

人心。我们可以见证丘吉尔于 1940 年 5 月 13 日在其任职首相 3 天后，同时也是德国人入侵比利时与荷兰 3 天后的讲演。法国即将陷落，英国将孤军奋战。他对其内阁成员说："我能奉献的唯有热血、辛劳、眼泪与汗水。"同一天晚些时候，当他要求国会对其新组建的多党联合政府进行信任投票时，他又重复了这番话，并且加上了一些严峻的、鼓舞人心的话——之所以鼓舞人心就是因为严峻。

我们所面临的将是一场极其严酷的考验，将是旷日持久的斗争和苦难。若问我们的政策是什么，我的回答是：在陆上、海上、空中作战。尽我们的全力，尽上帝赋予我们的全部力量去作战，对人类黑暗、可悲的罪恶史上空前凶残的暴政作战。这就是我们的政策。若问我们的目标是什么，我可以用一个词来回答，那就是胜利。不惜一切代价，去夺取胜利—不惧一切恐怖，去夺取胜利—不论前路如何漫长、如何艰苦，去夺取胜利。

另一个对恢复士气事宜予以诸多思考的人是英国将军威廉·斯利姆爵士，他在 1943 年英国的第十四军被日本人逐出缅甸进入印度后就面临着恢复士气的问题。正如他在其《反败为胜》一书中解释的那样，"士气是一种精神状态"，它应该在三个层面上予以创造：精神的，智慧的与物质的。他所谓精神的士气并非宗教的狂热，而是指一种对伟大而崇高事业的信仰，而这种信仰必须立即由每个人心怀进取予以追求，而且每个人都必须有这样的感觉，他的行为与结果直接相关。智慧层面就是，他必须觉得目标是可以达到的，他的团队很有效果，而且他的领导者们也值得信赖。最后所有的人都必须觉得他们在物质上得到了保证，拥有进行战斗的工具，包括武器与作战条件。这事实上就是成吉思汗在班朱尼给其追随者描绘的蓝图——一张几乎所有的军队在面临显而易见的压倒性差距时所需要的蓝图（然而，这并不适用于极少数罕见的例证，在此类例证中，人们认为更加伟大的美德在于自我牺牲而非胜利：日本的神风攻击队飞行员以及当今的穆斯林自杀炸弹袭击者）。

共度时艰的另一个优点是，它使得无论是领导者还是追随者都不可能去否认艰难的现实。无论是军事领袖还是公司领导人，看到、告知并承受令人不快的现实是保持士气的非常重要的一部分，因为没有任何东西可以像乐观主义一样对于由一些事件而导致的挫败感具有如此强大的破坏力。在其分析什么使得一些很好的公司与众不同时，吉姆·科林斯（著名的管理专家及畅销书作家，影响中国管理十五人之一，其著作《基业长青》与《从优秀到卓越》颇受中国读者青睐——译者）得出这样的结论："有一种愉悦的感觉来源于直面艰难的现实并且说'我们绝不会放弃。我们决不投降。尽管可能会花上很长的时间，但我们最终一定会找到一条获胜的道路'。"

尽管几乎沦落到了彻底败亡的边缘，但是成吉思汗还是设法通过面对现实的方法保持士气，同时依然在追求这个似乎正义与伟大的事业：以长生天的名义引领胜利与进一步的征服和统一。而且这也真的发挥了效用："将士莫不感泣。"

幸运之神眷顾了他，他的敌人一个接一个败亡。塔塔儿人被击败了，男人被处决，妇女与儿童或被娶为妻子、妾或沦为奴隶。札木合与脱斡邻勒亡命西北进入乃蛮人的领地。脱斡邻勒被一个拒绝相信这位逃难者是克列亦惕部大汗的卫士所杀。乃蛮部也被征服，迫使札木合带着五个随从逃往更远的西北山区，寻求那里的篾儿乞惕人的帮助，也就是二十年前曾经抓获孛儿帖的部落。决战以篾儿乞惕人的再次失败而告终。札木合被其叛变的随从抓获。根据《蒙古秘史》，认为背叛任何君主与主人都是不可饶恕的罪行的成吉思汗，处死了札木合的随从，然后给了札木合一个公开认错的机会，呼吁其回想他们旧时的友情：

如今咱俩可以在一起，互相提醒忘记的事

熟睡不醒时，可以互相唤醒

你虽离我而行，终究还是我的有吉庆的安答

他是在给札木合提供一条出路，也是在寻找一种显示仁慈的方法。而札木合则以这样强硬的言辞决定了自己的命运：

如今安答你已平定全国，兼并邻部，汗位已归属于你，天下已定，我与你做友伴又有何用？

只怕会使安答你夜里睡不安稳

白天不能安心

只怕会成为你衣领上的虱子

衣襟内的刺

正像他所说的那样，他的命运不济，或者如我们认为的那样是处于不利境遇——这是失败的领导者经常找的借口。正如吉姆·科林斯指出的那样，优秀的领导者会把成功归因于运气，但他们更勇于为失败承担责任。但札木合并非如此，他责怪除他本人以外的任何人与任何事："我自幼就失去了父母，又无兄弟。妻子是个长舌婆，友伴又没可依靠的……被出自旺族的安答你的威灵屈服。"事既至此，除引颈就戮外他已别无他途，只是在最后时刻获得了某种程度的尊严。"但愿不流血死去就好，我死之后，请将我的尸骨埋葬在高地，我将长久保佑你的子子孙孙……请赐我速死。"成吉思汗准许了他的请求，命人勒死或折断其脊骨将他处决。

这至少是《蒙古秘史》里精心杜撰的故事，有着小心编造的宣传色彩。札木合作为一个堕入残暴与欺诈迷途的前英雄出现，而他最终

又获得了足以证明成吉思汗早期对他的信任的尊严。成吉思汗也因此被描绘成了一位智慧而慷慨的领袖，他绝不会背弃血亲兄弟的神圣誓言而且也因其牺牲品的慷慨陈词而变得更加高尚。笔者以为，如果这段插曲曾经被在成吉思汗的皇族子孙面前朗读过，蒙古包里的人将会无不热泪盈眶。

期待和平与稳定

一个如此大的新社会需要一种新的制度来强化其统治基础。这种挑战催生了成吉思汗最为令人惊异的远见卓识。这源于他的国家统一意味着什么的观念。此前（以及在未来的数世纪，当蒙古人再次由于内战及军阀割据而变得四分五裂时），对于一个仅比山大王略胜一筹的领导人来说，这已经足够了。但对于成吉思汗而言，征服只是通往最终目的的手段：最终统治全世界。无论那个无法解释的原因是什么，上天都把世界交给了蒙古人。他们的任务就是让每个其他民族、国家与文化承认这个令人惊异的事实。因而，征服就不可避免的不再是由军阀发动的以蓄意破坏与劫掠为结束的一次性的攻击，而是持续不断的管理了。而管理就意味着持续性的政府行为，这要包括记录、税收、征税官、会计——简言之，书面的管理。

这对于一个勃兴于口传文化的"蛮夷"领袖来说实在是一个非同寻常的结论。在此之前，历史、神话及传统都被保留在人类的记忆中。信息通常由信使以韵文形式传递，因为这更加便于记忆（就像那些成吉思汗为获统治权而战时，在盟友与敌人间传递的信息）。现在，新法律与制度使得记忆难以准确。有太多的事情正在发生，而如果想要其持续下去就必须记录在案。毫无疑问的是，成吉思汗在其顾问的影

响下承认他自己的不足，并且寻求一种解决方案，这对于他的领袖品质来说是一个巨大的贡献。

在蒙古人南方的复杂的定居邻居中，有多种可供选择的书写系统：文化高度发达的金、唐兀惕以及南宋文化（他们可能还知道繁盛于916～1125的金王朝之前的辽王朝）在成吉思汗的皇家大帐中，也毫无疑问有过诸多的讨论。何种书写系统最为有效？南方的非中国的帝国以中国字符作为其书写系统的基础：辽与金采纳了中文，唐兀惕则发明了他们自己的看似中文的字符。但是中文及其衍生词是非常难的，因为它们是以音节文字为基础并以数万符号为代表，而这些符号串联在一起更是形成了数十万的"词"。对于外来者来说，掌握这样的一种符号无疑是一种巨大的智力挑战。此外，蒙古人始终轻视非游牧的文化，因而也不会愿意接受他们的文字，即使它们是简单的。最好还是使用一种只有数十个字母而每个字母又粗略代表一个声音的字母文字。当然，他们也可能已经了解到了藏文这种已经存在了500年之久的字母文字。但也有更近的解决方案以及能够使用它的人。

在被俘的乃蛮人中间有一个名叫塔塔统阿的书记官，此人曾经是乃蛮部的首席管理人员。他是一个畏兀儿人，即约400年前统治过蒙古人的突厥语部落的一支，并且与中亚的其他突厥语部落有着密切的联系，尤其是位于今乌兹别克斯坦的粟特人的城邦国家。畏兀儿人与蒙古人相处得很好，而且他们不久之后就会宣布自愿效忠于成吉思汗。他们使用着一种与公元前1000年出现在中东的最初的字母文字有着渊源关系的文字。与所有的字母文字相同，畏兀儿的书写方式可被用于任何语言，正如罗马字母与西里尔字母已经被使用的一样。塔塔统阿就是使用着畏兀儿文字为乃蛮部保留着记录。在9世纪中叶散落各地的畏兀儿人保留着他们沿着通商道路经商与放贷的文化，而这些道路则将中国与中亚、印度以及伊斯兰世界联系在了一起。到成吉思汗时代，这种文字已经演化成了一种自上而下、由左及右竖写得非常流畅的书写形式。正是在他需要之际，这种文字踏进了成吉思汗的门槛，恰逢其时地印入他的脑海。在1204年击败乃蛮后，怀抱国玺寻找其君主的塔塔统阿在战场上被俘。成吉思汗见其忠诚可嘉，于是将他留在身边，命其将畏兀儿文字用于蒙古文，并教授年轻的儿孙们。这是一个辉煌的客观主义的实践——能够确认这种需求，承认自己的不足，清晰地看到问题之所在，并且命一个比自己聪明的人去加以解决。这种反应可以与此前800年另一个劫掠者做一个有趣的比较：匈奴的阿提拉。阿提拉也以匈牙利为中心铸造了一个蛮夷帝国，并与世界上最伟大而且是最强大的文化罗马比邻而居。他也通过冷酷无情与强盗贵族式的暴力相结合的手段成功攻击了罗马帝国的东部省份，就像成吉思汗攻击塔塔儿及（后来）的金朝一样。他获取了大量的财富，并将其用于争取与巩固从多瑙河到波罗的海以及横跨俄罗斯南部的各个部落——一片面积与半个美国大小相似的地区。他也与成吉思汗一样利用外国人来帮助他进行管理，而他所建立的这一切只用了大约10年的时间：440～450年。

在这一阶段，他本可以停下来加以巩固。他可以用他的方式去换取更大的财富，为自己建立一个永久性的首都来代替一个木制围栏。他也本可以建立一套税收系统来让他的财富流通，哺育他的人民，为他们提供罗马式文明的生活基础。但他没有，他从未认识到他的文化所缺失的一样东西就是书写。这应该不很难，他的拉丁书记官们可能已经记录了匈奴语，或许在他的社会中还有一些匈奴的云游诗人，讲述着匈奴起源的《伊利亚特》史诗，等待着一种从未出现过的文字。关于这种语言我们所了解到的一切就是为数不多的转写为拉丁语的名字以及一些与突厥语假设的关联。承认不足与改变方针并不是阿提拉的性格。结果，他始终是个强盗贵族，满足于以战利品来取悦他的追随者。而这只是一种以扩张及进一步扩张为基础的经济，既没有更远大的目标，也没有理想。结果他被迫去从事一种几乎是不可能的事业——夺取西罗马帝国,在两次以失败告终的大战之后,453 年他酗酒而亡。如果他有所不同,是一个成吉思汗式的人物,他可以拥有更多:整个高卢,远超出其想象力的财富以及不朽的英名。为什么这样说呢,整个北欧都可能最终在一个不同的世界里书写并且讲匈奴语。

他似乎只是一个停留在第四个层次的领导人,用吉姆·科林斯的话说就是:有超凡魅力但却傲慢自尊,为短期目的驱使,无长远之见。在他死后,他的帝国陷于内战,转瞬之间便灰飞烟灭。

成吉思汗的领导艺术之六

认识不足

差强人意的领导者会掩盖不足,自诩为天才结果常常滑稽可笑。墨索里尼"总是有理",伊迪·阿明号称自己为大英帝国的征服者。伟大的领袖则承认不足,并寻求使这种不足变得更好。成吉思汗认识到,他的国家统一的理想通过使用文盲的游牧民族的现有技巧不可能被实现。他承认自己的不足,看到了需要之所在,并且启用了一个比自己聪明的人——而且不是一个蒙古人——来解决这个问题。塔塔统阿引进的畏兀儿书写系统被用来书写《蒙古秘史》以及成吉思汗的法律,而此人只是一个被击败的乃蛮部雇佣的人。成吉思汗的真知灼见确保了他兴起的故事得以长存于世。

第三章 改革者：建国之父

铁木真现在成了蒙古各部、"所有毡帐里的百姓"的主宰。在 1206 年的一次全国性的大聚会忽里台—现代议会的称谓呼拉尔即源于此词—上，他被推举为可汗，并被授予成吉思这一称号。[①]

有关这一称号的渊源学界颇多争议，任何一种传统的称谓，无论是突厥的、蒙古的或是中国的都不可能是正确的，因为蒙古人从未达到过这样的高度。"成吉思"——连同其更多的正确形式的转写—是一个被发明出来的词，而且前未授古人，后未授来者，它的来源备受争议。一种曾经流行的观点是它来自突厥语词汇海洋—腾吉斯，因为海洋是受人崇拜的物体（16 世纪，当一位后来的可汗希望礼遇最高的佛教高僧大德时，他造出了一个西藏喇嘛头衔的蒙古语版本，使用蒙古语海洋一词，称之为达赖喇嘛）。或者这个名称也被用来影射苍天或者长生天——腾格里——以便将其拥有者置于与中国皇帝等同的位置，后者就是以"神授天命"来进行统治的。而最新提出也最引人注目的观点则是，在 9 或 10 世纪的如尼文碑刻中所发现的成吉思一词，是一个突厥—蒙古语词，意思是"凶残、冷酷无情、坚忍不拔"，这倒完全恰如其分。这个词在古蒙古语中似乎变成了"成"，但后来便弃之

---

① 实际上，他的受封仪式的日期并不能百分之百确定。也可能会更早一些。但 1206 年的确有重大事件发生，学者们普遍接受的是，在这一场合他的封号不是被确认就是被授予。

不用了。[1]

这是一个其忠实的追随者一直在为之努力、战斗并等待的时刻，正如《蒙古秘史》的长篇记载所示，成吉思汗并未令他们失望。那些站在他周围的人成了总共 95 个"千户"的那颜——至多 95000 男丁，再加上他们的家人，总人口约在 50 万：以这样的规模开始世界的征服并不很多。所有那些曾经帮助过他的人均被授予高官厚禄，所有那些名字都让人回想起过去的千辛万苦，并且预示着未来的显赫：有四位将军被称为他的"四骏"，另外四人成了他的"四狗"；这个人曾经救过成吉思汗的儿子；那个人的儿子做过出色的间谍，而另一些人则通过释放他们肥胖的主人乞邻勒秃黑显示了忠诚的意义所在。在这位新皇帝逃脱泰亦赤兀惕人时救过其性命的锁儿罕失剌及其儿子们则成了他的副手。

这些任命在游牧社会里标志着一些全新的内容。在过去，统一经常会被部落纷争打破。正是这一切摧残了成吉思汗的童年，并且常常威胁着他通往权力之巅的缓慢崛起。他的革命打破了部族与部落结构，使得官员任命不再以其在部落等级内承袭的地位为基础，而是在于其提供的服务。忠诚是关键。牧羊人、牧马人以及木匠都被囊括其中。两位最杰出的将军都是铁匠的儿子。者勒蔑此前是一个奴仆，他吸吮出成吉思汗伤口的毒素，救其一命，因而被任命为一个"千户"的那颜。哲别也是如此，他曾经是一个敌人，并射死成吉思汗胯下的战马，但后来尽心竭力为其服务。他们没有变为地位平等的盟誓朋友安答，因为成吉思汗已经看到了当平等不再时发生的事；他们是亲密的伙伴那可儿，他们与大汗共命运，为他服务，保护他，给他提建议，但是地位永远在他之下。假设这是一个如许多学者认为的封建的社会，那么那可儿就等同于为亚瑟王式的成吉思汗服务的圆桌骑士，或者是早

---

[1] 罗依果：《成吉思汗、合罕称号之再检讨》

期伊斯兰教的"先知的伴侣"。

成吉思汗的领导艺术之七

使忠诚成为基本美德并予以奖励

在游牧社会里，人们可以按意愿成为他们自己的主人，如果他们选择的话也可自由变换其忠诚。一个人可以根据其如何解读自身利益来决定是否恪守效忠誓言。对于一个野心勃勃的领导者来说，忠诚就像黄金：失去容易，获得很难。成吉思汗以其正直的力量将追随者吸引在身边。他承担所有的责任，也希望得到同样的回报。在一些情况下，当敌方的一些士兵背叛其主人来投靠他时，他将他们予以处决。当他可以做到时，他会奖励其忠诚的追随者——无论其出身地位如何——以高官或者获胜后的战利品。一旦成为可汗，导向良好的慷慨就成了其管理的根基。

自上而下的严密控制

成吉思汗引进的这个体制是一个冷酷无情的集权化的体制，他自己就是所有权力的最终源泉。控制依赖于两个均取自其他部落的因素。首先，军队被划分为十户、百户、千户、万户等十进制的单位，而不像西方军队的排、连、团、旅的编制。第二则是来自脱斡邻勒的一个观念——一支卫队，一种蒙古式的党卫军，其指挥官是各级那颜之子，每个人都会依长幼顺序带来三至十个伙伴和一个兄弟。这开始时规模很小，但随着时间的推移成长为一支"足有一万户"的军队。忠诚可能已经是最高的美德，但成吉思汗不想冒任何风险。这些儿子们再加上其兄弟们实际上就是人质，以确保其父亲们不会图谋不轨。

所有这些在《蒙古秘史》中有着非常好的——甚至过分的——细节渲染。白天的宿卫、夜晚的宿卫、箭筒士、管家、卫士长、职守、资历、何人何时做何事：这不是史诗与诗歌的正常内容。包括这些就像把有关特洛伊管理的备忘录塞进了《伊利亚特》。在连篇累牍的琐碎记录之后，惟一的诗章出现于《蒙古秘史》想要提醒我们某些角色与主人公过去经历的艰难困苦之时。然而非常清楚的是这一点十分重要，因为这就是界定统治者与其官员及臣民之间关系的规则与章程。

这里可以总结出成吉思汗的领导素质的一些要点：

他非常关注细节。这对一个显然注重获取权力的人来说可谓令人惊异的素质：不仅有政治与战略天赋，而且还能注意到具体细节的安排。

他的决定使得其核心价值观昭然若揭，主要是他对忠诚的高度尊崇以及他为其追随者提供慷慨奖赏的意愿。

知人善任。这些人并非只想要财富与权力，他们还与他有共同的核心价值观与理想。这些人中包括诸如木华黎，他将变为他在中国的总督，在成吉思汗不在时，负责征服与管理的决策；还有速不台，或许是有史以来最伟大的将军之一，他将负责对西方的战役，并且一直打到欧洲的边界。成吉思汗也可能非常属意于他自己的儿子们，但却一直要他们担任次要的领导者，而他们的任务就是继承他统治世界的理想。

上述一切确保了他的臣民和他站在一起。在他们中间有一种约翰·基根所说的"敌对情绪中毒症"。他们是骑马的勇士，在相互敬慕中获得快乐，并且"由于对虚弱世界的共同轻蔑，风餐露宿的艰辛舒适，以及坚韧性的竞争"而得到满足。但这并不仅仅是一支军

队，而是一个首先被强迫，然后被诱骗，然后又被说服接受一个共同理想的国家。让我们暂且忘记这个理想是残酷的，而且长远来看也是完全不现实的。在那时以及其后的许多年，他的人民用领导学的话说，都是非常协调的。他们就像是铁屑，被成吉思汗的磁力连接在了一起。每个人都有义务去履行与其领导人的协议中属于他的那部分责任，每个人都接受自我约束的需要，而且会不折不扣地遵守这种严格的纪律。正如戈尔曼所说的那样："当核心价值与标准对人民非常清晰时，一个领袖甚至不需要为其团队身体力行地展示，即可让其有效地运行。"

蒙古人拥有了最初的法律体系

在拥有了新的书写系统的基础上，成吉思汗可以制定严格的法律了。正如波斯历史学家志费尼写到的那样："依照他自己的想法与意愿，他为每一种场合制定了法律，为每一种情况立了规矩，同时为每一项罪责制定了罚则。"失吉（失吉忽突忽）成了事实上的大法官，负责处罚事宜，并在一本称为"青册"的书或者卷轴上记录法律或者有法律效力的决定。他所记录的法律将会成为国家以及此后的帝国管理赖以建立的框架。失吉（失吉忽突忽）的青册即后来著名的"大扎撒"（在现代蒙古语中，该词的发音略有不同且有众多不同的转写，现在的词意为法令或法典）。在每一个重大的场合，志费尼说道"他们都会展示这些卷轴，并以此来规范他们的行为"。后来这些法律连同"训言"——成吉思汗本人所做的口头评论——便被改编成诗章并在重大场合下诵读。这些卷轴本身消失了——很可能是由于法典从未被印刷，并且甚至在蒙古人征服后也从未在中国变成法律之故——但其原理却可以从非蒙古的史料中获知。

一些13、14世纪的波斯、埃及以及中国的历史学家确信"大扎撒"的确是一部成文法典，但它却并非包罗万象，而且运用上也很有可能非常宽松。只有三十六条法律与三十条训言，显然不足以构成一个帝国的法典。一些完全遗失了，其中之一即是成吉思汗所坚持的据此控制所有战利品的法律，这并非是他本人渴望财富，而是他需要控制其下属的破坏欲，并行其慷慨主人之举，去奖励那些应得之士。我们所了解到的那些法律都经过了其他文化的过滤，所以很难说它们反映了成吉思汗的真正观念与性格。一些条文极富自由主义倾向："所有的宗教都应被尊重，不该对它们中的任何一个显示出任何偏好"，诸王不该超越法律。另一些则被设计的以一种严苛的方式来强化秩序：死刑有盗窃、通奸、鸡奸与巫术；未能拣还战士掉落于眼前的弓箭，或者碰巧发现一匹被盗的马而未能归还。还有一些则令人难以置信的严酷：死刑还有四处打探消息，在水里或灰里小便，破产三次，收留逃奴，"以穆斯林的方式"宰杀牲畜，甚至踩踏那颜毡帐的门槛。也许这些与一位亚美尼亚权威人士的引述一样虚幻，此人宣称"大扎撒"是在告诫人们彼此亲爱，不要去通奸，不要偷窃，不要支持虚假证人，不要做叛徒，并且要尊重老人与穷人。成吉思汗私下里是一位基督徒吗？当然不可能。

成吉思汗的训言也同样是一种智慧与老生常谈、褊狭与想象的奇怪的结合体。一个常常不守扎撒的人必须被训诫，然后短暂流放，然后戴上脚镣囚禁起来。一个人可以一个月醉酒三次，而"如果一个人根本不饮酒又会有什么好处？但这样的人到哪里去找？"令外来者备感奇怪的是，谋杀却根本算不上一种罪行，很可能是因为，在封建社会中，复仇是受害者家人的而非国家的行为。

成吉思汗的领导艺术之八

制定严格明确的法律

尽管成吉思汗法律的主体留存于世的并不很多，但一些事项依然清晰明白：它们被用以替代部落的习惯法；它们适用于全体蒙古人（但并不适用于中国人与穆斯林）；而且无论地位高低一律适用——成吉思汗迈出了对"全体毡帐里的百姓"的控制并团结他们支持其扩张主义政策的关键的一步。

从这个专断并被扭曲的收集中，我们能够得出的结论是，无论这些法律采取什么样的形式，它们都被设计得来强化军队的纪律以及驿站的急递，此刻与未来的征服均有赖于此。成吉思汗从其经历中获知，只有法律才能保证和平与安全，但是似乎由于其成长中的帝国的不同民族与传统的混杂，阻止了这一法典的冷酷运用。

维护至高无上的地位

距获取最高权力还有一步之遥。至此，成吉思汗只宣称拥有了现世的权力，他还要索求上天的支持，而此举必将会边缘化那些宣称可以掌控接近上天意志的机会之人：萨满。他的处境可与亨利八世相提并论，后者是现实世界的最高权力，也是教会的首领，而以此身份他却要臣服于教皇的权威。如果国王与教皇很好的合作，一切都会顺理成章；如果不能，则一定危机四伏。当危机爆发时，直接原因是亨利要与阿拉贡的凯瑟琳离婚，但冲突的根源是一场看谁究竟是英格兰的主人的斗争：是英国以外的教会，还是英国的国家，是教皇还是国王？成吉思汗的情况也是如此，如果他上天支持的断言得到萨满毫无保留的支持，很好，如果不是……

如事实所示，他没有，但结果颇具戏剧性。其父最亲密的一位朋友有七个儿子，其中之一作为萨满或巫师颇负盛名，（据说）他能在冬天裸体四处行走并能使冰冒出热气。他的名字叫阔阔出，还有一个称号为帖卜腾格里，这个称号的意思可能是（对此学界并未能达成一致）万圣的或者普天的。根据一则史源（拉施特）他甚至发明了成吉思汗这一称呼。总之，他号称与长生天有联系，而这一点又使得他与成吉思汗的宣称势同水火。此外，他还曾与成吉思汗的兄弟拙赤发生争执，拙赤以哈撒儿之名（一种野狗）以及力大无比而著称。《蒙古秘史》将哈撒儿描绘成了超级英雄：

他身高三度，

能吃三岁小牛；

身披三层甲，

三头犍牛拉着来也。

把带弓箭的人整个吞下，

不碍着喉咙；

把一个男子汉整个吞下，

还不够零食。

此刻哈撒儿心怀怨恨，因为阔阔出曾与其兄弟们联合起来对付他，并将其痛打一顿。当他对其兄抱怨时，成吉思汗告诉他不要小题大做，并且说"你不是自称无敌于天下吗，怎么会被他们打败呢？"哈撒儿哭着离开了。阔阔出抓住时机，企图使兄弟二人反目成仇。他对成吉思汗说，还记得长生天宣示谁应该称汗的神谕吗，一次命铁木真执掌国政，一次命哈撒儿执掌国政，"如果不及早对哈撒儿下手，以后怎样就不知道了"。成吉思汗抓捕了哈撒儿，捆住其袖子使其不能动弹，去其冠带来羞辱他，并开始了审讯。

就在此时，诃额仑"怒气冲冲"地赶了过来，让成吉思汗受了另一顿痛斥。她盘腿而坐，露出垂膝双乳说："你看见没有？这就是你们兄弟所吃的奶。""铁木真能吃尽我的一只奶……只有哈撒儿能吃尽我的两只奶，使我胸怀宽阔。"她继续怒吼道，你铁木真是聪明的，哈撒儿是优秀的弓箭手，能使四散奔逃的人们来投降。而现在你却突然说，你眼里容不下哈撒儿了。这番话阻止了成吉思汗，他说"受到母亲的怒责，儿子很害怕、很惭愧，儿子先回去了"，于是他退了下去。但那也使得哈撒儿满腹怨恨地离开了，而阔阔出不但毫发未损，而且还聚集起他自己的部民以及一些成吉思汗家族的逃离者。成吉思汗的另一个兄弟铁木哥再次去要求归还他的百姓，但却因为其鲁莽的行为遭到殴打。而这一次又是一个女人——他的妻子孛儿帖——告诉他事情已到不可容忍的地步，这一次极大刺激了成吉思汗，一直到他首肯铁木哥可以做他想做的任何事情。当阔阔出与其父及六个兄弟来访时，铁木哥的机会来到了，他在众目睽睽之下挑战阔阔出进行摔跤比赛，并将他拖出门外交给三个身强力壮的助手，后者折断了阔阔出的脊梁。若不是卫士的保护，成吉思汗也许也会遭到阔阔出之父及兄弟们的攻击并被杀死。成吉思汗说，阔阔出因为殴打哈撒儿与散布谣言罪有应得，并且——面对那七个人——说，"你不劝诫你的儿子的毛病，他想与我同样掌握大权，所以他丢掉了性命"。此外，这件事到此为止，"如果朝令夕改，不免

遭人耻笑，因为有言在先，朕遵守前言不罚你。息怒了"。

这一切向我们昭示了什么？一个寻求上天支持的拥有现世权力的领导人遭到了一个拥有上天权力同时也在追求现世权力的对手的挑战。贸然采取行动会使部落陷于分裂。成吉思汗容忍了多次冒犯，甚至让自己转而对抗亲兄弟。逮捕亲兄弟的行为遭到了母亲的反对。对手因此获得了自信，接踵而至的是更多的冒犯。最后，他的妻子促使他采取行动——一次暗杀，他小心翼翼与之保持距离，直到宣布其合理的时机的到来。这里有一些非常艰难的选择，他通过把决定权转给他的女眷们以以逃避自己做出处置的真实原因。这的确颇显肮脏，他采取决定性行为的声望虽未得到提升，但他的权力扩大了。反之又会如何呢？让挑战发展到无可挑战，然后进入一次可能会输掉的内战，并且目睹国家的再一次分裂吗？不！他现在已经是一位狡猾的领导人了，能够为保持权力来扭曲自己的道德观，并由此来获取更多的权力。

征服的需求

成吉思汗的革命重塑了他的社会，而这个社会则致力于一个目的：征服。

征服也是关键之所在。这是一个兵民合一的牧人的国家，正如800年前匈奴人所做的那样，爆炸式的增长使得他们随时都做好了征伐的准备，而且在与其他文化打交道时也同样不受任何道德观念的约束。但是蒙古人拥有一些匈奴人不具备的东西：意识形态。一个改革了的社会与一个武装起来的国家需要一个其自身之外的目标，正如古往今来的不计其数的领导人所发现的那样。在这种情况下，一个领导人几乎不可能告诉他的人民安定下来，回到畜群并去思考无限的空间。他的人民已经有了和平，现在他们需要的更多了：

安全。国家的统一已经给他们带来了内部的安全。但是蒙古的统一对于始终奉行"以夷制夷"对外政策的金朝来说却是一个威胁。而现在，一种蛮夷突然吞并了所有其他蛮夷。任何一位金朝皇帝都会将此视为一种无可容忍的威胁。成吉思汗必须首先采取报复行动。

财富。当地并没有财富之源，而在羊群的交易中也没有所谓和平红利。这并不是一种货币经济。除实物外，军队得不到任何报酬。一旦被征服的部落被吸收——男人编入他们的军队，年轻的女人被分配，儿童被当作奴隶，丝绸、酒杯、马鞍、弓箭、马匹与羊群均被瓜分——这些勇士们就会满怀新的希望注视着他们的领袖。

因而成吉思汗拥有了这样一种优势，他的军队自然而然团结在他的身后。普通战士为之效力当然也有其他一些原因。这些原因在诺尔曼·迪克森（英国心理学会会员，伦敦大学心理学学院荣誉退休教授——译者）诙谐而又不乏深刻严肃的书《军事不称职心理学》中得到了很好的分析。他问，军队怎么会如此经常服从白痴指挥官呢？军队怎么会忽视显而易见的自我中心、明白无误的不称职以及彻头彻尾的玩忽职守（例如几位臭名昭著的英国指挥官在克里米亚战争以及第一次世界大战期间所展示的）呢？他提出了几个答案。首先，战争是一件令人备感压力的事情，而在压力之下，人们就会接受，实际上是更加愿意接受那种他们在平民生活中绝不会接受的独裁式的领导。而如果他们的领导者甘冒危险亲临前线指挥的话，情况尤为如此。在战争这种奇特的环境下，"会有一种可以理解的抓住救命稻草的冲动——一个领导人的好的侧面就会被加以利用，而不那么好的侧面就很容易会被否认。"第二，军事组织呼唤一种独裁式的家庭组织，在其中父亲似的人物拥有绝对的控制权：士兵的行动像孩子，做着被要求做的事情。如果这可以解释那些不称职的领导人的成功的话，这些人对其军队的苦难并不介意，那么对于那些诸如亚历山大、纳尔逊或者成吉思汗等伟大的领导者来说情况则更是如此！

旧方式已被打破，新方式也已被塑造——准确地说，应该怎样去追求？只有面对财富的终极源泉，这同时也是未来挑战的源泉：戈壁以南的定居的土地。

第四章 指挥官：
建造帝国的最初步骤

　　成吉思汗已经是一位拥有三重身份的领导人了——军事家、政治家以及社会改革家——所有这一切都根植于他作为英雄骑士的表现。终其一生，他始终为其游牧民的坚韧与朴素为荣，并以拒绝让奢侈自己变得羸弱不堪为荣。他当然可以像最好的勇士一样骑马，并与他们一样用弓箭或者刀剑进行战斗。他已经是一个历经无数次战斗与冲突的老兵了。多年以来，甘冒生命危险已经成了他的第二天性。他至少受过两次箭伤，而这种伤痛对于他就像一位为荣誉而战的战士所承受的创伤一样，只是家常便饭。这些都是荣誉勋章，表明他远远超乎寻常，"人们在他们自己以及同伴心目中的价值，是由他们对危险无视以及对未来的轻蔑所决定的"。这些话是军事史学家约翰·基根描述亚历山大时的用语，他继续写道，"他们的国王正在冒着最高风险的意识，会驱使那些能干且得到很好指令的下属在训练有素并充满自信的军队的最前方奋力并熟练地作战，仿佛他始终就在他们每个人的身边。"和他一样，成吉思汗也一定是"非常勇敢的，有着那种不相信自己会死的人的勇气"。如果你认为你的使命与领导得到了上天的支持的话，结果也许就会是这样。这当然也应该是一种必需的禀赋，如果你希望保持住指挥官与部队的忠诚的话。

　　现在，他面临着一些新的问题。即使他曾经满足于和平地统治他的新国家，如果说他已经做到了，这也不会令他满足。他甚至就没有考虑过和平共处或者防御的可能性。他就像是一辆战车的驾驭者，突

然发现自己处在一支渴望行动与战利品的人民与军队的最前沿，对于可能的失控负有责任。如果他想要履行他的承诺的话，他的任务就是尽快决定方向，并且必须确保胜利。这也意味着要变为一个国际层面的战略家，但却是那种较为狭隘的战略家。他从未想到过要攫取与占领疆土。蒙古人还没有外国的管理经验，他们既不寻求对通商道路的经济控制，也不想去控制稀缺资源。此刻成吉思汗本质上依旧是个强盗贵族，只是型号特别巨大而已。

北方的西伯利亚森林没有什么值得攫取，西方的伊斯兰文化也的确是太过遥远，他的目光所及只能是南方，越过戈壁的砾石与沙漠的平原，剑指今日的中国北方。这里也是创新的来源之地，因为如此大规模的劫掠需要一种新的技巧：攻城掠地。

成吉思汗所面临的情况值得扼要重述一番。

此刻的中国被分裂为三个帝国：

金占据着中国的北方与东北部，是一个 1125 年由来自满洲的女真人建立的国家。金摧毁了先前存在的辽帝国，臣服或驱逐了契丹的统治阶级。

西夏在西部，囊括了今日的新疆。这个为时 300 年之久的帝国由唐兀惕人统治，他们出于藏语系，有着一种游牧与城市化的繁华相结合的文化。

宋居于中国南方，是被 12 世纪早期入侵的女真金朝粉碎的曾经统一的中国的残部。

宋朝太遥远而鞭长莫及，成吉思汗的选择仅在金与西夏之间。金是蒙古人的宿敌，他们每年都要为之献上进贡品。金无疑会是首要目标，因为那里正是战利品之所在。自从 1125 年建立帝国以来，女真人很快就接受了中国的生活方式，不但热爱艺术与戏曲，而且还对丝绸与纺织品、精美的服饰、奴隶和女人情有独钟：正是蒙古人鄙视与渴望参半的那种奢侈。也正是金朝以"钉死在木驴上"这种残忍的刑罚处死了成吉思汗的祖先俺巴孩。此刻，复仇与战利品已经是足够的激励了。迅速行动依然是关键，以防金朝看到一个统一的蒙古的危险，然后对这个新崛起的游牧民（国家）发动一次先发制人的打击。

与任何一位优秀的军事（商业）战略家一样，成吉思汗十分倚重对敌情报，而这一方面的情报他可谓源源不断。的确，一则中国史料《蒙鞑备录》称，成吉思汗"少被金人俘，为奴婢者十余年，方逃归，所以尽知金人事宜"[①]，其作者在成吉思汗建立帝国时曾游历蒙古。因为没有其他史料提及此事，所以被金人俘之事似乎不大可能发生。

很可能它反映了一个在中国北方流行的故事，解释成吉思汗为何情报如此准确。但故事实在没有必要。许多降金的契丹人带着他所需要的所有情报归降成吉思汗。从他们那里他获知金朝已经由于对宋的战争（1206～1208）、一次未遂政变、一场饥荒以及女真人与极为反对外族统治的中国大众的对抗而变得赢弱不堪。一个边界部落已经准备好允许蒙古人越过金长城这一陆地工事了。敌对的大众，虚弱的军队、漏洞百出的防御、无所事事的官员，一次致命的打击无疑会让金朝溃灭。

感到一报宿怨的时机已到的成吉思汗开始寻求对抗。1208 年，金朝皇太子卫绍王到边界见成吉思汗，希望得到通常与隆重的觐见仪式相伴的贡礼。然而，迎接他的只是一个简单的仪式并且完全没有贡品。这的确是一种足以引发一场战争的冒犯，但此刻的金朝皇帝自顾不暇。第二年他便一命呜呼，卫绍王即位。使者带来消息并要成吉思汗跪拜

---

① 在《蒙鞑备录》与《黑鞑事略》这个很可能是成吉思汗被泰亦赤兀惕人俘获事件的讹传版本被俄罗斯导演谢尔盖·彼得罗夫采纳，并使它成为其电影《蒙古人》（2008）里的一个重要情节。但由于故事情节的缘故，他让成吉思汗被西夏唐兀惕人俘虏而不是金朝。

接诏，他却说："我说中原皇帝天上人做，此等庸懦亦为之耶？何以拜为？"并"南面而唾，乘马北去"。他也可能当场就宣战了。

但是直接进攻可能会非常愚蠢。金朝有4000万人口和一支60万人的军队，是成吉思汗的十倍。此外，金朝也可能求助于西夏来共同对抗威胁到这一地区各方的力量。最好先从较弱的一方下手，然后——如其所述，随着天地赋予其的力量的增加——再去进攻较强的一方。这里应该不会有占领的想法，很可能只有一个模糊的计划，以西夏的财富作为垫脚石，抢夺与掠取金朝更多的财富并预防一次性进攻可能带来的任何不确定性。

成吉思汗的领导艺术之九

面对现实

在其军事生涯中，成吉思汗先后有四次面对着实力远比他的军队占优的情况：西夏、金、花剌子模以及二度面对西夏；在他死后，他的后裔灭掉了金、宋。这样的行动总是危机重重，但是如果情报完美并且解读无误的话，那就会大为不同。正如诺尔曼·迪克森结论所示，不计其数的军事灾难都表明缺乏这一切究竟会发生什么。这类战例包括英国在1841~1842的阿富汗，克里米亚（1857），与南非（1898）诸次战争的失败；以及1941年日本进攻珍珠港时美国的灾难与1961年美国雇佣军未能在猪湾袭击中占领古巴。近来的批评也可引用美国对伊拉克的入侵。所有这一切都表明，"即使是极为聪明以及具有高度献身精神的人们的智慧与专业知识相结合也不能成为免于错误决定的证据，而这些决定往往是如此的完全不符合实际，以至于甚至是那些当初做出它们的人也会在后来将其判定为轻信"。其结果用心理学家I. L. 詹尼斯（1918~1990，出生于纽约州布法罗，耶鲁大学教授心理学家，加州大学伯克利分校名誉教授，以描述团体组织在做出集体决定时所犯的系统性错误的集体思维理论而著名——译者）所发明的术语来说，就是自杀性的"集体思维"。其症状包括幻想的无懈可击；对于信息的集体漠视的企图，因为这些信息可能会动摇他们所钟爱的假设；对团队内在道德的不加质疑的信赖；一成不变地看待敌方一种全体一致的幻觉。处于劣势的成吉思汗承受不起这些错误。

作为战争游戏的狩猎

此刻，作为全体蒙古人的统治者的成吉思汗，指挥着一支令人生畏的军队，这支军队通过大范围的狩猎实践在调动与快速交流方面训练有素，而狩猎也是此前数千年来草原游牧民通行的训练方式。的确，这一活动是如此的重要，以至于人们对"草原游牧"这一术语提出了质疑，成吉思汗的人民就是真正的草原游牧骑士。每个部族、每个部落、每个新的联盟都会参加这些狩猎活动，随着每一个政治单位的增加，覆盖的范围也会更加广大。狩猎开始于秋季，此时的猎物会因为仲夏的大量进食而变得肥壮。侦察兵——在这种战争游戏中扮演着探子——会报告猎物的方位。然后成千的牧人们会聚集起来，沿着一条可能会绵延100多公里的长线展开——分为左翼、中间与右翼，似乎呈现为一种战斗队形，带着弓箭与足以维持数天甚至数月之久的食物。这条线逐渐形成一个包围圈，每隔数米就有一位骑马的弓箭手。在成吉思汗死后曾经为蒙古帝国效力30余年的波斯著名历史学家志费尼对这种大AV，或者狩猎（以来自法语"打击"一词的西方语言称之为围猎）及其在军事组织与纪律方面的意义做了详尽的描述：

在一个月、或者两个月、或者三个月时间内，他们形成了一个狩猎圈，缓慢的渐渐的驱赶他们面前的猎物，小心翼翼以防任何一只逃出包围圈。如果不小心一只猎物得以逃跑，只会花一分钟的时间来询问原因与理由，千户、百户还有十户的指挥官就会因此而受到责罚，甚至常常会被处死……在两三个月的时间内，无论白天还是夜晚他们都以这种方式来驱赶猎物，就像驱赶一群羊，并且遣信使告知大汗猎物的情况，是数量众多还是数目稀少，它们来自何处以及何时开始等。最后当包围圈缩小到两到三个帕勒桑（大约 10～15 公里）时，他们就会把绳索系在一起，然后把毡子搭在上面，与此同时，整个军队就会沿着包围圈停止前进，肩并肩站着。此时包围圈里充满了各种猎物的叫声与骚动以及各种猛兽的咆哮与骚乱。

然后杀戮开始了，首先是大汗及其随从，随后是诸王、官员，最后是军队，一直到只有"受伤的与瘦弱的离群者"被剩下。每到这时，年长者就会出来谦卑地请求大汗饶那些幸存猎物一命，以便于它们的数目得以恢复。狩猎以清点数目与用作战利品的食物与皮毛的分配而告结束。

"现在战争"，志费尼写道，"及其杀戮、清点死者与饶恕幸存者也遵循完全相同的方式，而且每个细节的确都非常相似。"爱德华·吉本（1737～1794，是近代英国杰出的历史学家，18 世纪欧洲启蒙时代史学的卓越代表——译者）在其《罗马帝国兴衰史》一书中，以他惯用的华丽风格提出了同样的论点：

在这种经常要持续许多天的前进中，骑兵必须拔山涉水，绕过村庄，以便不会影响到他们渐次前进的既定命令。他们所具备的习惯是，眼睛与脚步指向遥远的目标，保持间距，延缓或加快步伐与左右两翼的部队保持一致，观察与重复指挥官发出的信号……使用同样的耐心与勇气，同样的技巧与纪律与敌人作战只需要做一点真实战争所需要的变化，这种追猎游戏成了征服一个帝国的前奏曲。

难怪到入侵西夏时，有史以来没有任何其他一支军队（用志费尼的话来说）"对苦难如此坚韧，对享乐如此感激，无论成功还是身处逆境都对指挥官如此顺从，既不希望得到赏赐与封地，也不指望得到收益与提升。这真的是组建一支军队的最好的方法"。

成吉思汗的领导艺术之十

寓战于平

游牧部落总在进行大规模的狩猎训练——驱赶狩猎——为战争做准备，包围野兽，仿佛它们就是步兵。这种训练给了蒙古人一种城市社会难以企及的优势，在这种社会中，大规模的战争训练既造价昂贵又不现实。中国的兵法家主要论述领导、战略与纪律，很少谈及训练。就城市社会而言，唯一真正的战争训练就是战争本身。而在游牧社会中，驱赶狩猎有着多重目的：它是一种娱乐，一种合作的训练，一种日常活动的延伸，也是一种自筹经费的活动，因为它会给每个参与者提供猎物。它也涉及了大规模屠杀，而这并不是通常的训练能得到的，只有到战斗白热化时才可以。

在此之前，蒙古人从未进行过如此大规模的狩猎与战争。全世界还有哪支军队可与蒙古军队相媲美的呢？志费尼这样问道。在战斗中，这些勇士就像受过训练的野兽，在和平时期，他们就像绵羊，遭遇不幸时，也逆来顺受。他们毫无怨言地奉献。当环境需要时，他们都可以变为牧人、剑手、射手与矛手。他们按照要求展示装备，如果不符合要求就接受惩罚。每个人都与其他人一样辛勤劳作，不在意财富与权力。不经允许没有人会离开他的团队而加入另一个团队。狩猎砥砺他们的素质，给了他们诸多方面的训练，如远距离通信、翻越不同地貌的配合行动、运用战利品分配的复杂规则以及——或许是最重要的——达成服从命令与根据具体情况随机应变之间的艰难平衡。应该牢记的是，所有这一切都必须在隶属不同的亲缘组织、不同的部落、操不同的语言的人们中间做出安排。所以当三个蒙古的领导人向成吉思汗宣誓效忠时，他们保证道：

把旷野的野兽，
围赶得肚皮挨着肚皮。

就毫不足怪了。这样的顺从听上去像一种教化，但对那些身临其境的人来说，回想起过去不久的纷争与贫困，这一定像是逃入了一个包容、权力、地位、成功以及梦寐以求的财富的世界。不管怎样说，调动这样一支军队的能力都是成吉思汗鼓舞与掌控其人民令人惊异的能力的明证。

攻破最薄弱的环节

1209 年春，蒙古大军穿越 500 公里戈壁抵达三美人山，入侵西夏开始了。这里是阿尔泰山的末端有三个由山峰、峡谷、高原草场、沙漠与砾石构成的山系。现已辟为国家公园的三美人山，将会成为一个非常好的补给站。从这里继续向南 300 公里就到达了介于黄河与阿拉善沙漠之间的贺兰山。当蒙古人攻取一个边界要塞时，唐兀惕人求助于金，希望后者出兵对抗共同的敌人。但金朝刚刚易主，新皇帝即为经验不足的卫绍王——即因缺乏勇气与判断力而被成吉思汗鄙视的卫绍王——他告诉唐兀惕国主，"敌国相攻，吾国之福，何危之有？"

蒙古人沿着右侧沙漠与左侧山脉间的通道继续南进，来到一处扼守经由贺兰山进抵唐兀惕首都今日银川的唯一通道的要塞。经过两个月的对峙，蒙古人引诱唐兀惕人出战，并大获全胜，通往银川的道路随之洞开。

此刻，他们面临着一个问题。银川有着坚固的城防，而蒙古人此前从未尝试过攻城拔寨。他们没有宋与金那样的攻城的弩车，没有抛石器，没有燃烧弹，也没有被俘的专家教他们攻城的战法。他们采取了一个简单的战略：掘开银川用以引黄河水灌溉该城的肥沃平原的古老运河系统。此举显然并非上策，这里的地形与荷兰一样平坦。洪水并未给这座城市造成多少损害，反而在银川周围平坦的农田上快速蔓延，迫使蒙古人退回到了较高的地域。

为了打破僵局，双方各做了让步。唐兀惕皇帝表示臣服，将一个女儿嫁给了成吉思汗，并献上骆驼、猎鹰、纺织品作为贡品。成吉思汗则在确信他又得到了一个顺从的仆从后下令撤军。

或许这是他能够取得的最好的结果，但正如事件的发展所示，与预期大相径庭。有足够理由痛恨蒙古人，并有足够理由在某天不惜再战的唐兀惕人依旧颇具活力。这只是一次劫掠式的进攻，而且已经结束——换种比喻——不是击倒而只是靠点数取胜。成吉思汗离开时认为，他有了一个新的顺从的仆从，然而他却大错特错，而发现这一点，他又用去了八年时间。

恐怖——与超越

　　随着其右翼获得安全的保障，成吉思汗可以放手计划对金的进攻了。正如结果所示，这不是一路进攻，而是兵分三路，因为蒙古人并未准备好以正确的方式发动进攻。他们的领袖尽管极富活力但还没有回应——甚至没有看到——建立帝国的真正挑战。

　　1211 年春，穿越戈壁如过桥而非越障的蒙古人击溃了金朝守卫由高原通往平原的隘口的骑兵，然后又攻破了通向北京的最后要冲。其他两路分别南向抵达黄河，东向进入满洲。对于成吉思汗来说，这已经是一个足够的胜利了。他撤兵了，甚至都无意考虑下一阶段的征服：彻底的胜利、占领城市、开拓疆域、管理帝国。第二年又有更多的进攻——当成吉思汗再次受箭伤时被叫停——然后在 1213 年再次发起，而这一次则是剑锋直指金帝国的心脏，意在迫使其投降并且成为一个仆从。重镇大同陷落，两位指挥官逃离职守。"军队的士气是战争时期的关键要素，"《金史》评论道。"决绝的精神一旦失去就无法重新获得。这一事件已经预示了金朝的崩溃"。① 在华北平原上肆意抢劫的蒙古人，从饥饿的居民那里抢夺粮食。当一小支军队使得北京的36000 名防守者不敢轻举妄动时，另外二支蒙古军队横扫了外围地区，在这一庞大棋局中，每支军队都得到了其余两支的支持与保护，相形之下，金朝则远逊于对手。这一次，许多城市都陷落了，常常是因为蒙古人驱赶着被俘者走在最前面，推着攻城器具到城墙下，迫使居民做出一种无望的抉择：屠杀自己人，或者投降。

---

　　① 穆特：《中华帝国史》p. 224

北京依然在坚守，因为它有着坚固的防御设施。城墙外面有四个自给自足的要塞式的村庄，每个村庄都有地道与首都相连。三条堑壕保护着城墙，构成了一个周长约 15 公里的长方形。有垛口的护墙高出地面 12 米，还有 13 个城门，每隔 15 米还有一个塔楼，总计超过了 900 座。守军部署了巨型车弩，能发射 25 公斤巨石的抛石器，燃烧箭镞，蜡制燃烧球，陶瓷外壳炸弹，盛满可燃石脑油的大锅，使用汽油的火焰投射器，甚至还有装满化学品与粪便的化学炸弹。如果蒙古人想要攻取与占领城市，就必须夺取与掌握这些武器。

尽管发动了几次进攻，成吉思汗的军队仍然未能夺取这座城市。很显然，如果继续攻城，城内将陷于饥饿。而蒙古人自己也忍受着冬季在凋敝的乡村露宿荒野的痛苦。1214 年初，成吉思汗下令撤退——如果这种说法是正确的话。卫绍王此时已被罢黜，新皇帝答应献上一位公主、500 童男童女、3000 匹马与 10000 匹丝绸。正如《蒙古秘史》所述："我军尽力地驮上缎匹、财物，用熟绢拴住后，驮回去了。"

成吉思汗下令其满载战利品的军队向北回到欢迎的草原，并再次认为他赢得了一个顺从的仆从。金已破败，其威望已被摧毁，而随着对中国北方两大强国的胜利，成吉思汗成了这一地区最伟大的领导人。难道这不是一个完全的成功吗？不，并非如此。他对西夏与金都犯了同样的错误。不但两位皇帝都逃跑了，并自由自在地活着，而且首都也未攻克。此外，他一离开，金朝就重新占领了蒙古人曾夺取的城镇与关隘，有时候，这种情况不止一次发生。就战术而言，这次战役是辉煌的胜利，但从战略角度出发，它却是一个不智之举，而且成吉思汗也很快就了解到了它的后果。

同年七月，金帝充分利用了成吉思汗的撤退，他放弃了北京，迁都于 600 公里以南的中国古都开封。这是一次史诗般的搬迁：3000 峰骆驼驮着财宝，30000 辆大车满载档案文件与皇家物品，向南艰难跋涉两个月。对于成吉思汗来说，他已经没有机会向那位皇帝要求任何更多的东西了，除非他占领整个国家。

成吉思汗对这个消息极为震怒，一则中国史料记载了他的话："既和而迁，是有疑心而不释憾也。"但他同时也意识到这是一个天赐良机：北京已被其政府放弃，而乡村遍布准备为蒙古人而战的哗变部队。但他必须快速采取行动，赶在开封变为金朝新的攻击基地之前。一个月后，蒙古人又兵临北京城下。

我们暂且停一下来看看此刻成吉思汗手中拥有的是一种什么样的力量。在此之前，战争的洪流大多是由贫瘠的北方地区席卷富裕的南方地区。但是就像狂涛一样，波浪再次退潮，受阻于城市的围墙，受限于入侵者的贫困。此刻，随着蒙古人的统一，这股洪流将会停留在这里。军事胜利与大规模入侵利用了新的手段，即一种积累粮食、物资以及来自乡村的战俘的能力，这种能力又使得更深的渗透成为可能，这是一种成吉思汗迄今还未能利用的可能性。它开启了一种夺取城市的途径，通过摧毁城市周围的乡村来斩断其根基。劫掠与恐怖的精心利用会迫使城市居民投降，以避免短期内他们亲属与生计的破坏以及长期饥饿的命运。投降又可以通过提供大规模攻城战的条件：武器、专业技术与人力来加快征服的进程。在成吉思汗的领导下，蒙古人已经变成了一台史无前例的有系统夺取财富的机器，但其更深层次的战略目的还有待界定。

蒙古军队并没有进攻北京的意图，随着 1214 年冬天的到来，他们只是蜷缩着度过严冬。两支来自开封的援军被蒙古人击败与俘虏。北京开始陷于饥饿，生者以死者为食。该城的民政长官自杀身亡，军事首领则逃往开封（并在那里被以叛变罪处决）。僵局的打破仍然花了将近一年的时间。只是到了 1215 年的 5 月末，群龙无首且饥肠辘辘的市民才打开城门投降。

与此同时，成吉思汗已经拔营返回草原，穿越中国北部群山环绕的路线，来到了 300 多公里以外的一个地方，而他的孙儿忽必烈就将在这里建立他的夏宫上都。没有了他的约束,蒙古军队陷入了疯狂,他们洗劫了这座城市,屠杀了成千上万的人,宫殿在火焰中化为灰烬,有些地方的大火燃烧了一个月之久。

控制战争的破坏

　　此刻,成吉思汗正面临着一个与征服相关的重大问题。之前,如果一个部落首领完成一次征服行动,每个人都会立刻得到一份战利品,尽管就严格意义而言,传统表明主宰者拥有一切,战利品的分配要经其首肯。随着国家的建立,成吉思汗已经宣称了他对战利品的所有权与分配权,为行奖赏与慷慨主人之举,他需要这一切。而此刻整个都城突然陷落了,而他甚至不在现场进行监督。所以他在究竟什么东西应归他所有的问题上有着巨大的利益。于是他命令三位高官去进行清点,其中之一就是塔塔儿人失吉,这是一个非常自然的选择,因为他是成吉思汗家族的一位被收养的成员,同时也是书写、记录与管理的专家。

　　这座城市的总管合答试图献"金缎与纹缎"来取悦于他们。成吉思汗培育智慧与忠诚的技巧在这一时刻得到了回报。失吉的两位同事想要收下合答奉上的所有物品。等等,失吉说道,与这座城市里所有的物品一样,这些绸缎以前属于金朝皇帝,现在这座城市与它的一切都属于征服者成吉思汗。这些物品不是合答能够支配的。"你合答怎么敢窃取成吉思汗的财物暗中送人?"他问道。

　　随着清点的结束,三人报告了成吉思汗,失吉对成吉思汗表明了他有关所有权的看法,成吉思汗"严厉申斥"了其他二人,对失吉赞赏有加,称其"识得大体"。一个非常关键的法制案例就这样被确定下来。如果说成吉思汗此前依然还是个强盗式贵族的话，那么他现在则远远超越了这点，成了这样一个领袖：他已经选择根据成文法律来进行管理，加强严格的纪律，并且由那些完全理解自己职权的人员来加以实施。这些也是更进一步通向真正帝国的步骤。

成吉思汗的领导艺术之十一

使自己的利益成为国家的利益

成吉思汗将自己描绘为一个鄙视奢侈的简朴的游牧民。但他也宣称拥有分发所有战利品的权力。因而他可以借此树立一个艰苦朴素的榜样，同时对他的追随者来说也是财富之源。这是成吉思汗领导艺术的关键所在，也是《蒙古秘史》所谓的"大扎撒"的一部分：自下而上的服从与忠诚以及自上而下的保护与奖励。领导者既是一个具体的人也是一个超越具体的人——他就是国家及其法律的象征。对成吉思汗的背叛就是叛国，私藏战利品也是如此，因为它否定了领导人论功行赏的权力，因而既是对领袖也是对国家的背叛。

这次战役也标志着另外一个进步：攻占大城市。对于游牧民族来说这始终是个问题，事实上对于任何一支缺少大规模攻城战技术的军队来说都是如此。此刻，成吉思汗有了解决方案：恐怖与焦土战术。其秘诀在于通过控制乡村来孤立城市，切断城市的供给系统。就像在毒杀开花植物的根茎。这与毛泽东在 1949 年前领导一支穷人的军队为夺取全中国而战的时候采取的战术相似：拉长战线，发动"群众"，不打无把握之仗，农村包围城市迫其投降。这当然也有许多不同之处，其中之一就是毛泽东使用恐怖手段对付他领导的人民。但对两位领导者来说，基本理念同样都很有效。对于成吉思汗来说第二个有利条件就是，劫掠乡村不但剥夺了敌人的支撑体系，而且随着一个又一个地区的称臣纳贡，一座又一座城市的开门投降，也为进一步的征服提供了物质保障。

此刻蒙古人已经成了整个中国东北部的主人，占据了金帝国的三分之一，然后又是半壁江山，只剩下了两个残余部分：黄河以南及满洲。在新近征服的疆域内，为数不多的一直在坚守的城市也投降了。幸存的卫成部队哗变反对前主人，宣誓效忠新的主人。约一百万人历经洗劫与饥荒南逃至黄河南岸的金朝中心区，而在那里一个信任危机的王朝已陷入一片混乱。以其所控制的财富、军事技术及人力资源，成吉思汗无疑已经打算完成这次征服了。

结果，这一事业将由成吉思汗的后裔来完成，因为他的注意力被发生在遥远的西方的事件吸引，而这些事件则需要一种完全不同的领导艺术。

第五章　战略家：向西扩张

　　我们现在来到了有史以来最辉煌的战役之一，蒙古人对大部分伊斯兰世界的征服。这很可能是辉煌与残忍相结合的最为极端的例子。在中国缓慢而且常常是不断重复的征服活动之后，此刻的成吉思汗是以一个军事战略的天才而出现的，更加卓越的是，据我们所知，他在被迫应战之前，并没有计划过这次进攻。

　　为了理解所发生的事件，我们必须向西 2500 公里越过新疆的沙漠与天山去看看那个契丹人在 12 世纪初被女真人逐出其在中国北部的基地后所建立的国家。哈喇契丹，"黑色契丹"，以今天的吉尔吉斯斯坦为中心，但要略大一些。在由成吉思汗的崛起而引发的混乱中，大量难民涌入哈喇契丹。其中之一就是曲出律，一个被成吉思汗击败的部落乃蛮部的王子。他篡夺了政权，并且变得残忍专制，与其新的穆斯林臣民日渐疏离。显然，在成吉思汗的眼里，他就是一个终有一天会再度成为威胁的不稳定的狂徒，因而他必须被消灭。

　　在 1217 年，随着中国北方的部分安定，成吉思汗将注意力转向了曲出律，委派哲别负责这次战役。他的进展与其说是一种进攻不如说是更像一次迁徙：20000 人外加每人 5 匹备用坐骑——共计 100000 匹战马——每日行进 50 公里，越过草原与山脉，历经 2 个月抵达曲出律的首都。这听上去像是一次高风险的行动，但事实上并非如此。从其畏兀儿臣子与盟友那里，成吉思汗可以确信，蒙古人将会被作为解放者而受到欢迎，而畏兀儿人位于中国西部的家乡则与哈喇契丹毗邻。

结果也的确如此。当蒙古人逼近时，曲出律南逃 400 公里到达丝绸之路上的商贸中心可失哈耳，然后又继续逃窜抵达帕米尔高原脚下，并在那里被当地一些追求赏金者捕获，交由蒙古军处决。因而，及至1218 年，成吉思汗为其正在成长中的帝国获得了另外一个侧翼。

胜利使得成吉思汗与曲出律的伊斯兰邻居花剌子模①有了直接的接触，这是一个横跨今日之乌兹别克斯坦与土库曼斯坦大部并延伸至伊朗与阿富汗的王国。这片无人管辖的区域曾在半个世纪前被其名义上的主人巴格达的哈里发占领。它控制着丝绸之路上的几座重要的城市，其中就有撒马尔罕与不花剌。花剌子模的统治者摩诃末沙（沙，波斯语，意为王）曾与曲出律短暂结盟，也肯定带着不断增加的忧虑看着蒙古人对其盟友的进攻。

接下来历史发展的关键则在于两个人的性格：成吉思汗的，当然还有花剌子模摩诃末的。摩诃末在许多方面都是成吉思汗的一个参照，是一个拥有诸多灾难性性格缺陷的恶劣领导人：受制于其母，冷酷无情，而且还是一位恶名昭彰的淫荡之徒。就政治角度而言他也身处险境，作为一个突厥人，他与其主要为伊朗人的臣民以及哈里发龃龉不断。

成吉思汗无意让自己卷入这种纷乱。毕竟，北中国还没有彻底征服，因而也没有必要在西部再生事端，但只是在此刻这样。"在那些天"，13 世纪的波斯史学家志费尼说道，"蒙古人用尊重的目光看待穆斯林，而且为了他们的尊严与舒适，用白色的毡子建起干净的毡房。"一切似乎都相安无事。三位热衷于探寻随着蒙古人在北中国的进展而突然洞开的通商道路的不花剌商人抵达了蒙古，当他们踏上回程时，成吉思汗令一支由 100 人（如《蒙古秘史》所载）②组成的商队与他

---

① 也拼作 Khwarazm，Kwarizm，Kwarezm 以及 Kworezm 等。
② 穆斯林史料称 450 人，但 100 人被广泛接受。

们相伴而行，以便与伊斯兰世界建立起商业联系，除了一位作为首领的蒙古使节外，其他人都是穆斯林。

1218～1219冬季，这支商队到达了位于锡尔河边的讹答剌（今哈萨克斯坦西部的欧特拉）。商人们带来了成吉思汗给算端（伊斯兰教苏丹的别称）的口信，宣称他们的到来是"为了能够得到这里的珍奇物品，并在此后通过关系的改变切除邪念的毒瘤"或者一些诸如此类的话。关于这一口信有诸多版本，但无一含有公然的敌视。然而摩诃末却勃然大怒，很可能以为这些商人也是间谍（也很可能是正确的，因为成吉思汗总是渴望得到情报）而间谍则是走向战争的必要的序曲（这不是真实的）。讹答剌的长官，这个故事中涉及的另一个恶棍，小主人亦难出，是摩诃末跋扈之母的一位亲属。傲慢与自大是他的毁灭的原因。在其主人的首肯之下，他指控这些商人为间谍，并将他们悉数逮捕。

尽管对这一侮辱大为震惊，但成吉思汗拒绝被激怒，因为他是一个深谙如何平衡愤怒与克制的人。他派遣了三位使者，这些人给了摩诃末一个机会去否认其下属的行为与之相关并将其交送惩罚。摩诃末愚蠢地选择了变本加厉的羞辱。他下令处死了至少一位使者，很可能是全部三人。接着又是针对那100位商人的第三次侮辱，"不假思索"，志费尼写道，"算端就准予处死他们，并认定夺取他们的货物合乎法律。"小主人亦难出处死了整个商队——而其成员除首领之外全都是穆斯林。正如事件的发展所示，志费尼对这一鲁莽行为给"整个世界带来的荒芜与毁坏"发出了悲叹。

屠杀一位官方使团的商人——更不用说是100人——已经足以构成战争的理由了。而更为糟糕的是对一位使者的谋杀。这些人中的一位设法"用计谋"逃脱，并把消息带给成吉思汗。志费尼描述了他的雷霆之怒，愤怒的火焰使他的泪水夺眶而出，以至于只有血流成河才能够平息。即使如此，他也花了一段时间来决定他的行动路线：注意他让愤怒服从于做出一个审慎决定方式。他"独自来到山顶，脱掉帽子，面朝土地祈祷了三天三夜，他说'我不是这场灾难的肇事者，请赐予我复仇的力量吧'！"

这些事件也标志着成吉思汗一生中的另一个新阶段。这里已经有了一些新鲜的事物，然而所有的一切都已成为其日程的一部分，结果如何却无法预料。从未有过游牧民族的首领愿意去承担征服一个距家乡如此遥远的帝国的责任，而且这个帝国还拥有一支远比自己强大的军队。但他就如同一个18世纪的贵族面临决斗挑战时一样没有选择余地。他本人受到了羞辱，这也就意味着他的权力基础受到了攻击。如果——正如他开始相信的那样——上天授予蒙古人的命运是统治世界，那么这种行为就是对上天意志的公然否定。如果这种羞辱不予报复，那他就会面临艰难处境。蒙古人就会变为那个野心勃勃且热衷于利用他们的弱点来进行扩张的算端的目标，结果成吉思汗就会发现自己疲于应付。正如《蒙古秘史》所述，他对该做的事情毫不犹豫："怎么能让回回国人切断我们的'金縻绳'（他以此来意指他所宣称的统治全世界人民的权力）呢？"他说道：

咱们要出征回回国

为咱们被杀的一百名使者

去报仇

去雪冤

确立继承人

根据《蒙古秘史》，这个新的转折点——一笔巨大的投资，对其人民以及他本人来说也是一次巨大的风险——引发了有关继承这一主题的争论。对于任何一位领导人来说，这都是一个棘手的领域。很多人都不愿意考虑其统治的终结。或许成吉思汗也避免谈及这个问题，因为学界普遍认为这一部分记述是后来添加的，是为证明其继任者对汗位要求的合法性而被插了进来的。尽管他后来做出了决定，但这些事件也无疑反映出了他的忧虑。

这件事缘起于塔塔儿人也遂，成吉思汗继孛儿帖之后年纪最长的妻子，此人时年五十多岁，并且开始作为顾问而身居幕后。也遂在其部落被击败后被俘，此刻已经完全成了一个蒙古人。"有生之物皆无常"，她说道：

一旦您大树般的身体突然倾倒

您那织麻般团结起来的百姓

交给谁掌管

成吉思汗也看到了这点。又一次，一个女人为他指出了正确的方向，而且他也足够稳健地对她致谢。"也遂虽是妃子，但她的话很对……你们谁也没有提出过这样的话。"他说："朕还没有遭遇到死亡，竟忘了老死这个事。"

这个问题如何解决？依照惯例他的继承者应该是部族里年纪最长的成员——如果他能够维护这一主张的话，尽管长子继承制或许并不能产生最佳人选。最好的结果当然是既可以避免选择不能胜任的领导者，又不会冒内部纷争的风险。这是一个帝国而非部族的危机。有谁会比他的儿子中的一个能够更好地继承他呢？他们个个都是身经百战且经验丰富的指挥官。但究竟选择哪一个？传统惯例没有多大帮助。长子有时候可以对父亲的权力提出要求，而幼子则继承他的"炉灶"，也就是说他的毡房、仆人与人民。

成吉思汗并未简单做出决定，因为那样只会造成失败者的疏离并

为未来埋下隐患。他当众对四个儿子公开这一问题，并引发了激烈的争执。首先，长子术赤如何？但术赤应该是其母被俘时所怀的篾儿乞惕种。次子察合台脱口说道："我们怎能让这篾儿乞惕野种管制？"术赤起身抓住其弟的衣领说："我从未听到父汗有什么对我另眼看待的话，你怎么能把我当作外人？你有什么本领胜过我？你只不过脾气暴躁而已。"一位萨满平息了纷争，提醒他们回想起他们出生时的艰苦岁月：各部落的混战，他们母亲的遭劫，他们都是同母所生的事实，母亲为他们的含辛茹苦以及为统一的共同奋斗。这时，察合台笑了，兄弟二人和解，并一致同意第三子窝阔台稳健可靠。第四子拖雷也点点头同意：愿窝阔台马首是瞻。于是，事情得以解决。

此刻，所有这一切对作为领袖的成吉思汗来说都是一个卓越的贡献。伟大的创新者经常会对这一问题心怀坦荡。在历史上，政商两界提供了无数领袖的例证，这些人贪恋权力，任人唯亲，拒绝思考有秩序的继承，直到最后依旧迷恋其地位。这是一个极其自我的问题：这些领导人对自我的关注远远超过他们的团体、他们的公司、他们的政党、他们的国家，他们的人民。

这是成吉思汗所能做的最好的选择。尽管窝阔台最终证明自己过于贪杯并且死于豪饮。但在那一时刻，这个部族与国家保持了团结，拥有向西扩张的坚实的政治基础。

成吉思汗的领导艺术之十二与十三

挑选继承人；容忍争论

成吉思汗允许一个受人尊重的妻子对他提出确立一个继承人的建议。这当然必须是他的一个儿子。尽管有一些女人将会在政治上变得权倾朝野，但在1219年，这依然是一个需要平衡政治统治与军事领导的男人主宰的社会。没有显而易见的解决方案，而且在第三个儿子窝阔台作为妥协而产生的候选者出现之前，曾发生过激烈的争论。虽然并不很理想，但是通过容忍不同意见，成吉思汗将家人团结在他的周围，也使他的新国家的贵族们紧紧追随着他。

知人善任

正在指挥一次需要详细计划的战役的成吉思汗需要帮助，结果被导向了领导艺术的更高层次。

他已经拥有了他的伙伴，那可儿，来帮助他解决战役的军事层面的问题。而蒙古的领导者此前从未处理过的问题是被征服区的管理。成吉思汗一定已经看到了一再重复相同地区的征服有多么愚蠢，就像他在中国所做的那样。征服当然必须以长期的统治来加以巩固。已经学习过 1204 年所采用的畏兀儿蒙古文的失吉或许还有几位年轻的蒙古诸王，已经拥有了管理的初步概念。但是还没有官僚机构。

此刻，成吉思汗，或许是失吉，回想起了三年前在北京抓获的一位战俘，那时失吉在做帝国宝藏与出身显赫的战俘的清点工作。在金朝的官员中有一位实在可谓鹤立鸡群：一位身材非常高大的年轻人（很可能有 6 英尺 8 英寸高），留着齐腰长髯，嗓音浑厚嘹亮。他是一位契丹人，即那些曾作为辽王朝而统治中国东北部并在后来被金取代的人民中的一员。他的名字叫楚材，而其姓氏耶律则是辽帝国最为显赫的姓氏之一。耶律楚材是一位杰出的学者、诗人与管理者，在北京攻城战期间，他始终在为其金朝主人尽忠职守。为了弄懂这段可怕经历的意义，他隐居佛寺达三年之久。而此刻，在年龄更长、更智慧、更冷静之际，他发现自己应成吉思汗之召去做可能是最高的管理人员。

在一次后来变得非常著名的交谈中，期待得到感激的成吉思汗对楚材说："辽、金世仇，朕为汝雪之。"

但是，楚材非但没有赞同，反而回答道："臣父祖尝委质事之，敢仇君耶?"

这才是真正的忠诚，并非针对个人，而是针对一种制度。这位坦率、镇静而又聪明的年轻人给成吉思汗留下了深刻的印象，于是将这份工作交给了他。

这位被成吉思汗称为"长髯"的年轻人也同样对成吉思汗印象深刻，他把成吉思汗的成功看作为一种天命神授的证明。从此以后，楚材将对塑造这位大汗及其帝国的性格方面起到重要的作用，而且对所有的人都有益。选用合适人选而无论其是否为蒙古人，是成吉思汗的最高智慧之一，而契丹人楚材则是其最佳选择之一。

16 年后，亦即成吉思汗去世 7 年后，当北中国的其余部分最终落入成吉思汗的继任者窝阔台之手时，贵族精英们讨论如何处置他们新近占领的土地与数以百万计的农民。一些彻底的传统主义者的主张很简单：将人杀掉，把他们的土地变为牧场。正是楚材指出税收与良好的管理可以产生远比死亡与破坏更多的财富。他的看法最终被接受，成百上千万可能会被屠杀的人们活了下来。

成吉思汗的领导艺术之十四

知人善任

这是自古以来许多高级领导者以及当今的政府与公司所分享的公开的秘密之一。尽管并非所有的人都是如此。为数众多的领导者并不喜欢优秀人才，因为他们不会被看作为财富而是威胁。在契丹学者耶律楚材身上，成吉思汗发现了某个具有他所缺乏但却非常需要的技巧。

耶律楚材在许多方面都优于成吉思汗：识文断字、博览群书、精通中国式的政府运作方式。对于成吉思汗来说，他在为数众多的非蒙古臣子中当属翘楚，他与当今成功的执行官们并没有什么共同的理念，但在这一点上与他们相同：如果对事业有帮助，他赞同多样性。而且耶律楚材还有另外一种很好的素质：他不但拥有恰当的技巧，而且还有正确的态度。成吉思汗的成功使他确信上天授予这位蒙古可汗的天命就是征服与统治帝国。阿兰·莱顿（1953 年出生于英国赫里福郡，企业家，阿斯达公司前任 CEO，皇家邮政前任非执行主席——译者）在其《论领导艺术》一书中引用哈佛大学商学院厄尔·撒塞尔（哈佛商学院贝克基金会教授，管理学专家——译者）的话说："态度几乎是不可教的，但技巧可教。"而楚材将以这两点去教化蒙古人以及其他人。

通过一次愉快的巧合，或者是英明的选择，或者是上天的意志，耶律楚材出现在成吉思汗的生活中可谓恰逢其时，并对来自西部的危机提出指导性意见，在他的建议下成吉思汗首次变成了一位带来破坏性后果的战略家。作为其研究的结果，楚材将会展示《孙子兵法》的精髓之所在，这是一部起源于公元前 4 世纪战国时期动乱的中心地区的战争论著。① 孙子并不赞同诸如年轻时的成吉思汗之类的军阀所沉溺于其中的那种英雄主义与复仇的展示，他提倡一种完全的、冷静的、献身的与专注的职业精神。愤怒应被置于一边，"主不可以怒兴军，将不可以愠用战，合乎利而用，不合而止。怒可复喜也，愠可复悦也，亡国不可复存也，死者不可复生也"。

冷静的职业精神包含远超"经之以五"的现实考虑——政治、天气、地形、命令与管理。明智的指挥官必须牢记无论战争的动机是什

---

① 在较早的韦氏转写体统中，孙子被写作 Sun Tzu。

么，其目的不是恣意破坏，而是尽可能快的、己方冒尽可能小的风险与损失去赢得胜利。"兵闻拙速，未闻巧久……故兵贵速，不贵久。"

同时也要忘记肆意虐待与偏好暴力，因为若要从胜利中受益，就必须利用敌人。"凡用兵之法，全国为上，破国次之。"可以想象，作为谋士的楚材为这些经过许多世纪经验的总结而得出的理念而据理力争，而其中的许多理念又与成吉思汗的直觉恰恰相反。在提出他的紧急建议时，楚材并不需要对孙子加以总结，因为孙子本人就已作了总结性的——笔者斗胆称其为办公软件式的——表述。楚材所要做的就是引用，看他在《谋攻篇》里的战略：

> 故善用兵者，屈人之兵而非战也；
>
> 拔人之城而非攻也；
>
> 破人之国而非久也，必以全争于天下；
>
> 故兵不钝而利可全，此谋攻之法也。

这一程序肯定会让成吉思汗那些纷争不断的先祖们十分吃惊：没有装腔作势，没有勇敢、劫掠与破坏的鲁莽展示。但它却是对花剌子模征服的理想议事日程——基本原则如此，尽管在实践中得到了成吉思汗残酷但却有效的攻城战略的极大修正。

兵法可能是楚材最为紧迫的题目之一，但也只是其日程的一部分。他也让成吉思汗踏上了一种非同寻常之旅，而那将会是另一章节的主题。

为了这次西征之战，成吉思汗向几个仆从畏兀儿、北中国、满洲以及承诺需要时提供帮助的西夏调兵。然而成吉思汗得到的却是如同花剌子模算端摩诃末给予自己同样响亮的一记耳光。这记耳光并不是直接来自西夏的统治者，而是来自其军事首领或者敢称不的阿沙，一位皇位背后的权臣。"如果成吉思汗真的如此软弱"，他说道，"他为

什么还要当汗呢?"

但成吉思汗已不能够在当时就对这一羞辱做出回应了,他的首要任务是西进迎战摩诃末。一旦在那里获得胜利,那么,"如果长生天护佑我,"他将转而报复西夏。

西征之战

成吉思汗西征花剌子模的军队既不同于越过戈壁横扫西夏与中国北部的那支军队,也不同于哲别率领的追击曲出律的那支蒙古骑兵。10万~15万名士兵,每人带有3~4匹换乘战马,构成了一支支快速机动的骑兵部队,他们可以日行百余公里,穿过沙漠,涉过河流,

魔幻般的突然出现与消失。但在北京以及中国其他一些城市的被攻陷之后,这支军队也有了一些全新的因素:攻城锤、云梯、四轮移动盾牌、带有各种不同类型的烟雾与燃烧弹的抛石机、喷火管、巨型双弓或三弓床弩,或许甚至还有类似"震天雷"之类的爆炸装置,一种装满火药的铁壳装置,可以把10~15米以内的人撕成碎片。

这样的一种行动会使人将其与其他一些大规模的推进加以比较,譬如亚历山大的进入亚洲,拿破仑在1812年进入莫斯科以及第二次世界大战期间英国与德国军队穿越北非的决战。这类的运动面临的问题就是后勤保障。如何给人与战马提供食物,给车辆提供燃料?补给可能会花费数月之久来建立(1991年第一次海湾战争时的例证为6个月),"供给脐带"必须得到保障。如果这条脐带被切断,一支军队就会丧失战斗力与灭亡。例如亚历山大就曾经占领了成吉思汗将要进入的地区。为保证其军队只携带必要装备,亚历山大烧掉了自己装载金银财宝的马车,然后命令他的军官们也照样去做。但他仍然不得不为

其步兵建立前哨补给基地。

成吉思汗却没有这样的问题，他的马背上的军队并不需要一条补给线或者前哨补给基地。它的燃料就是草，而草原就像是一条开阔的管线一样由蒙古一路延伸到匈牙利（就像他后来发现的那样）。马将草转变成了肉和奶。他的部队可以以这些简朴的产品生存数周之久。十个人同时睡在狭小的布帐篷里，用牛或者骆驼驮上毡帐，这支军队甚至可以度过冬天，以宰杀的牲畜与干肉为食。当然也会有其他一些需求——当地出产物的偶然支援，制造箭杆的木材资源以及铁匠用来制造箭头的铁——但在本质上这就像是一支拥有特殊力量的完整的军队：自给自足、独立自主、整个部落的士兵都同时为会延续数年的行动做好了准备。

尽管如此，如果蒙古人除了攻城器具之外再没有其他的手段来帮助的话，一个接一个的攻城拔寨依然会是一项缓慢的工作。但他们还有另外一个在中国发挥到了很高程度的武器：恐怖，以一种非常公开的方式实施的，以便所有的人都能看到并且牢记在心的恐怖。不仅乡村会遭到牧人的野战部队的破坏，不仅战俘会被用于推进攻城器具与填充堑壕，而且这种程度的冷酷无情还散布着这样的信息：蒙古人是不可战胜的。没有多少城市会以抵抗去冒必死无疑的风险，而大多数选择了投降，毕竟沦为奴隶而活着要胜于变为尸体。

他的军队依旧在壮大，随着每一座城市的被攻占，都会在财力、人数与武器方面加强它的力量。只要有最初的胜利——就像成吉思汗在对中国的战役中所了解到的那样——它就会像滚雪球一样壮大，仅受限于地理、气候与其最高指挥官的日程安排。在那一刻无人可以预言其极限。诚然，成吉思汗的战争目标是有限的：矫正错误，获取战利品来补偿他的军队以及确保其新国家的安全。但却已经有了一个长期的由长生天的支持赋予的日程：此刻征服花剌子模，下一步是中国，然后是全世界，尽管蒙古人可能不知道这一切究竟意味着什么。

所有军事史研究者都应该被要求阅读有关成吉思汗西征花剌子模的记载，非常不幸的是，这样的记载并不存在。《蒙古秘史》如此专注于其内部事务的记载，以至于军事事宜被忽略、模糊不清甚至根本就是混乱不堪。穆斯林的史料则只关注己方的死亡与破坏。而成吉思汗所表现出的战略家的天才只是顺便被提到。

这次征服展示出的第一件事就是他挑选指挥官的技巧。他不是希特勒，为证明自己的能力随时准备训斥下属。曾经为他吸出伤口毒素的哲别（此处有误，为其吸吮伤口毒素的是者勒蔑，而哲别乃射杀其战马之人——译者）与同饮班朱尼之水的速不台是他最为倚重的两员战将。

成吉思汗与速不台，再加上其作为名义总指挥官的儿子术赤与察合台集结起军队——实际上是兵分三路——在1219年夏季会师于巴尔喀什湖东南的哈萨克斯坦草原。已经行军超过2000公里的部队需要休息。这支军队在那里休整了三个月，以便积蓄力量，养肥战马。此刻，15万人与大约50万匹马将会变得非常显眼，而他们的意图也是如此：沿着草原齐头并进抵达作为兴都库什山脉的一部分的天山山脉，绕过卡拉图尔山的突出部到达锡尔河，然后向南进入花剌子模位于肥沃的费尔干纳河谷中心地区的基地。正如摩诃末从其间谍那里了解到的那样，这里也的确别无他途，因为他们的道路南侧为群山所阻，进一步往西则是基兹里库姆沙漠那令人生畏的荒原。

摩诃末本应集中他的军队并用以发动进攻，但他做不到，因为他不信任他的将军们。由于担心他们或者会内讧，或者会联合起来反对他，摩诃末建立了一条沿锡尔河各要塞展开的防御线。

此举正中成吉思汗的下怀，因为明显的战略目标并非仅此一处。南方约600公里的群山另一侧，哲别率军20000位于此前不久还属哈喇契丹中心的地区。他率军越过群山直驱费尔干纳河谷，兵锋直指摩诃末认为成吉思汗将会锁定的目标点：除非他来自东方，悄悄绕过这位沙的防线，将目标指向撒马尔罕与不花剌这样的大城市。很快，这位沙就重新部署希尔河沿岸的部队去防守这些城市。

成吉思汗的领导艺术之十五至十七

出其不意＋恐怖＋宽宏大量＝胜利

1219 年的西征花剌子模之战展示出了一些军事史上罕有比肩的卓越战略。最为理想的是，成吉思汗将以压倒性的军事力量发起攻击，就像美国于 2004 年（原文如此，疑有误，伊拉克战争应在 2003 年——译者）在伊拉克所做的那样。但并没有这样的选择，因为双方在人数与技术方面可谓旗鼓相当。此外，摩诃末在自己的国土上作战，有着以逸待劳的优势，而成吉思汗的军队必须带着攻城设备长途跋涉 3000 公里，理论上说，这给了摩诃末足够的时间来准备一次漂亮的防御战。但蒙古人也有着他们自己的优势。其中之一就是摩诃末领导能力的低下。另一点是蒙古人的后勤供给——草——则由大自然来提供。但仅有这两点还不能够保证胜利，成吉思汗还必须致力于另外三个因素。第一是出其不意，蒙古骑兵令人惊叹的技巧与坚忍不拔使这一点成为可能，这使得他们不但能够进行一次迂回包抄的军事行动，而且还能够进行两次。第二是无情地执行手中的使命。蒙古人将恐怖作为一种战略，并会在一个城市以如此令人震惊的残忍手段加以实施，以至于其他城市只能选择投降。第三，为了具有说服力，投降的益处必须能够被看到：人们必须明白，如果敌对意味着死亡的话，那么投降就意味着生存。成吉思汗承受不起放任种族与宗教的偏见。种族灭绝不会起作用。

与此同时，以速不台为其参谋长的成吉思汗对锡尔河防线的另一端发起了攻击。第一站即是引起麻烦的讹答剌。成吉思汗希望活捉那位长官以便将其千刀万剐。攻城战持续了五个月——成了攻城装备并不能保证快速取胜的一个警示——直到最后蒙古人破城而入。亦难出被慢慢处死，城市被夷为平地。在术赤与察合台的带领下，两支军队继续前进去攻取沿锡尔河防线散布的其他不堪一击的部队，这条防线现在受到了来自左右两侧的威胁。在一个月的时间内，蒙古的铁钳就斩断了这位沙的侧翼。

在此期间成吉思汗在做什么呢？在讹答剌被攻陷之后——或许甚至在攻城依然在进行期间——他就已经销声匿迹了。他正在做着一件任何间谍都无法看到的不可能做到的事：带领第三支40000人的军队（大约的数字）穿过基兹里库姆沙漠450公里艰苦的、沙漠与杂草丛生的荒原向南出击。不可能做到吗？完全不是。这段行进的路程只是由其从在蒙古的大营至北京的路程的一半，而且行军环境也与戈壁最差的地段相同。这样的急行军他已经做过多次，因而也变为家常便饭，以至于在《蒙古秘史》中不值一提。蒙古士兵可以携带五日的口粮，并有当地人做向导为他们指引罕见的水源地，沙漠游牧民就是在这里饲养他们的羊、骆驼与马。那些对摩诃末来说看似不可能的事恰是成吉思汗的第二天性。他出现在了摩诃末防线遥远末端的空隙处，并进展迅速，用军事术语来说就是"破敌退却"。

当蒙古军队于1220年2月或3月间逼近不花剌时，不愿意为他们鄙视的统治者卖命的当地市民打开城门俯首称臣。成吉思汗徐徐驰入，穿过两边有木制小屋的普通百姓的街巷经过砖砌的宫殿进入内城，到达这座城市最大的建筑前。于是，他发现自己变成了一座堪与富甲天下之城相比肩的城市的主宰，而该城所处之文化，又是世界上最为复杂的文化之一。

志费尼以栩栩如生的细节记载了接下来发生的事。当成吉思汗进入一座主要的清真寺时，他说出了那句声名狼藉的话："乡下已经没有粮食了，喂饱我们的马。"当惊恐万状的伊玛目与贵族们牵着蒙古人的马时，士兵们搬空了谷仓，把《可兰经》从木制的箱子里扔出来，用箱子做马槽。这很可能并非是一种精心策划的亵渎神灵，更像是一种漫不经心的行为。但正如成吉思汗立刻就看到的那样，这里却有一个教训应被吸取。这就是长生天支持的证据。在马苏剌，一个在节日期间城墙外用以祈祷的院落里，他召集起经过精心挑选的 280 人。成吉思汗登上布道坛，解释了他的兴起与他们的衰落：

"人们呵，你们应该知道你们犯下了大罪，而且你们中间的那些大人物犯下了这些罪孽。如果你们问我说这些话有什么证据，我说那就是因为我是上天之惩罚，如果你们没有犯下大罪，上天就不会把像我一样的惩罚加在你们身上"。

这件事真的发生了吗？当然不会，除非成吉思汗突然学会了波斯语。或许有个翻译，或许这个故事就是一个伪造品。但无论如何，它已经成了民间传说的一部分，因为，如果考虑到花剌子模令人绝望的领导以及在过去的几十年穆斯林将其社会变得四分五裂的方式，这倒非常切合实际。此刻他的听众所遭受的惩罚就是被洗劫一空。每个人都有一个卫兵伴随，以保证他们只是被成吉思汗及其将军抢劫而不是普通士兵。接下来的几天，随着算端的士兵及其家人被困在内堡，市民们蜷缩在家里，富人则在卫队的伴随下鱼贯出城来到成吉思汗的大帐，并在那里献上他们的现金、珠宝、衣物与纺织品。

接踵而至的是内堡的毁灭与居民的处置。防守者或战死或被处死，包括所有"高于鞭梢"的男子。幸存的市民被集中到马苏拉进行分配，年轻的男人充军，妇女连同她们的孩子为奴，铁匠、木匠及金匠则加入成吉思汗的工匠团队。

　　然后这股蒙古的毁灭性力量又东进撒马尔罕。这个新首都的防守者人数在 4 万～11 万之间（或许那只是人口数，不同史料记载差异很大），周围有堑壕、城墙，并筑有一个内堡，这一切都在讹答剌攻城战开始几个星期时间内得到了匆匆的加强。驱赶着成群的俘虏走在前面的蒙古人绕城扎营。摩诃末逃跑了，并敦促沿途的人民收集物品随同逃窜，因为抵抗毫无用处——这当然不是一种鼓舞士气的行为。撒马尔罕的富商教士们并不打算为这样一个人去拼死抵抗，于是派人求和，并得到了与不花剌居民同样的对待，蒙古的指挥官及其家人夺走了他们值钱的财产、女人与工匠。

　　对花剌子模的致命一击当然要包括俘虏或者处死在逃的摩诃末，这个任务交给了哲别与速不台，他们追击摩诃末越过今日之乌兹别克斯坦、土库曼斯坦、伊朗直至里海。在那里，摩诃末与一小部分随从划船逃进了一个小岛，并由于惊吓与绝望而一命呜呼。

　　蒙古军队的进展神速以及对那些心存敬畏的人造成的冲击，使得哲别与速不台坚信：如果世界将落入蒙古人之手，他们越早发现将与何人作战对他们越有利。成吉思汗当然也赞同，进一步的证据就是他赋予其同伴的完全信任。但是维持这种令人惊异的进展的动力是什么，保持这些久经沙场的部队士气的方法又何在呢？巴格达并不容易陷落，但是北方却是另外一个世界：高加索、俄罗斯，然后呢？这一决定引发了军事史上最为辉煌的冒险活动之一，一次长达两年、历经 7500 公里的经格鲁吉亚、俄罗斯南部抵黑海，然后北上伏尔加河，最后返回与成吉思汗会师于由花剌子模班师回国途中的长途奔袭。这——以大征伐而著称于世——很可能是有史以来风险最大、回报最高的侦察活动。仅以区区 2 万之众再加 8 万匹马，这两位将军探索了俄罗斯南部的草原并且发现他们完全可以击溃各自为战、行动迟缓的俄罗斯军队。他们不但可以以沿途的草原做补给，而且还可以通过抢掠他们遇到的每一个部落与文明来为自己提供经费。他们也获得了有关更加遥远的西方的信息：俄罗斯富裕的城市，更多的草原——给他们的战马提供草料，或许足以带着成吉思汗的整个帝国一路穿越大陆进入匈牙利，然后就会是欧洲那些尚不为他们所知的城市。到与成吉思汗会师时，他们两人都已极为富有并且见多识广，拥有了成吉思汗的后裔在 20 年后入侵俄罗斯与东欧需要的所有信息。

花剌子模的屠杀场

蒙古铁钳在花剌子模一个未被攻破的大城市古耳干赤或如其后来所称的玉龙杰赤（至今依然如此）会合。该城拒绝投降，这里位于阿姆河冲积平原，没有可用于抛石器的石块，所以蒙古人将桑树切成段当作弹药。战俘又一如往常被驱赶向前填充堑壕，然后开挖城墙的墙基。随着城墙的倒塌，蒙古人经过逐条街巷的巷战获得了胜利。总数约 10 万的妇女与身怀一技之长的俘虏沦为奴隶，其余的人尽遭屠戮。志费尼说 5 万名士兵每人要杀 24 人，这是总计 120 万人的死亡。

最后成吉思汗指派拖雷去完成阿姆河西岸地区的征服。在三个月的时间内，他踏平了三座主要的城市马鲁、你沙不儿与赫拉特。你沙不儿于 4 月陷落，其人民被屠杀，城市被夷为平地以报复成吉思汗的一位女婿丧命于穆斯林的箭下。赫拉特明智地选择了投降，它的人民得到了赦免。然而在马鲁，60 名被俘的蒙古士兵被在城中游街示众后处死，这是一种对成吉思汗和托雷的羞辱，从而决定了城内所有人可怕的命运。仅有区区 7000 人的蒙古军队对这座城市发动了攻击，该城由 12000 名军人防守，而其人口则由于来自附近乡村的避难人群而膨胀至正常人数 70000 的十倍之多。但依然无路可逃，恐惧战胜了勇气。一周后，该城放下了武器，蒙古人未遇到抵抗便进入城内。接连四天，顺从的人群被驱赶到平原上，小心翼翼挑选出 400 名工匠和一群孩子做奴隶，然后屠杀开始了。"每个人要负责处死三百或四百人。"然后，在蒙古人离开后，由一位德高望重的教士领导的团队开始进行统计。在历经两个星期后，他们得出结论，"只计算了那些容易看见的而那些在洞里、低凹处、村庄里以及沙漠上的被杀者并未计算在内，他们算出的数字超过了 130 万人"。

另外 130 万人？在古耳干赤可能被杀的 120 万人之外？听上去并不可信。但从上世纪的恐怖事例——亚美尼亚、纳粹大屠杀、卢旺达——我们可以得知，对于那些有意志、领导与技术的人来说，大规模屠杀变得非常容易。在数小时内屠杀掉 130 万人非常有可能。对于蒙古人来说，杀掉一个放弃抵抗的战俘，要比屠宰一只羊简单，其价值要远逊于羊。7000 人在一个上午时间杀掉 100 万人是可以做到的。

这无疑是一次史无前例的大规模屠杀，即使假设这些数字被夸大，我们依然有理由认为总计 500 万人口数的 25%，亦即 125 万人在三年内丧失了性命。这对于一个富裕并且复杂的城市社会来说是一个令人震惊的打击，但并非彻底毁灭：随着岁月的流逝，劫后余生的人们足以恢复从前的生活。

这并不是一次纳粹式的屠杀或者种族灭绝，因为这并不是用于整个民族或文化的国家政策的结果，它只是一个战略的结果。如果城市不战而降，将省去许多麻烦与花费，所以每个城市都被提供了一个选择：放弃抵抗或者死亡。诚然，非蒙古人都被看作是次等的，但他们总可以选择承认蒙古人优越这一"真理"，然后就可以获得自由并为他们服务，只是要做妾或者为奴，随着时光的流逝与才能的显现，女人们可能会生产杰出的儿子并因而获得影响力，男人们也可能有机会位居高官，就像至少有两个人在成吉思汗称汗之前以及其他人在此后所做到的那样。花剌子模的屠杀是将恐怖作为战略目的运用的累积结果，是一种与其自己的术语"屠城"相称的战略。

就战略角度而言，成立思汗的冷酷无情是军事的需要，而且展示出了极高的才华。没有两个关键性因素，他不敢贸然进入花剌子模：速战速决与退出战略。第一个因素，速战速决，已由摩诃末拱手相送：这个已设法疏远了自己的臣民的统治者，已无法做出强硬的反应与有效的抵抗。至于第二个因素，残酷的夺城战术——投降或者死亡——则是战争快速结束的致命一击。随着胜利得到保证，蒙古人便可以开始实施其更加广泛的战略：管理、控制与军队的撤离。这里将不会有战争泥潭，不必劳神费力，也不会有资源的浪费。一切都在 18 个月内宣告结束。

或者说，几乎结束。犬父摩诃末之虎子扎兰丁收集起了一些残余部队在成吉思汗的追击下南退进入今日之阿富汗。1221 年春，在今喀布尔以北的八鲁湾，他让蒙古人首尝败绩。但这只是一次暂时的逆转。扎兰丁继续撤退，越过兴都库什山到达北印度令人窒息的平原，直到被困在印度河与追击的蒙古人之间。这是扎兰丁的军队的末日，但并非他的结局，他跃马跳入河中，并安全抵达了遥远的对岸。吃惊地看着并为其勇气折服的成吉思汗说，"生子当如斯"，于是放过了他。扎兰丁一直战斗到其未见经传的死亡之时，很可能是在数年后丧命于库尔德强盗之手。

非常奇特的是，成吉思汗于 1221 年末的进军极限与此前 1500 年亚历山大的极限同出一辙。亚历山大停止前进因为他的军队拒绝继续向前。或许成吉思汗也处在相同的压力之下。几种不同的史料讲述的一个故事宣称，成吉思汗是因为见到了一个独角兽——可能是犀牛，一种尚未在印度西北部绝迹的动物——而停止前进的，这只异兽对其卫士说"你的主人应该立刻回家"。这样的景象能够赋予一个紧张的官员一种外交辞令，以便用以传达其难以控制的军队的感情吗？或许这只是成吉思汗自己需要的一个巩固其战果，规避最终可能是无法承受的冒险的借口。

第六章　圣人：寻求终极真理

时间回到 1218 年成吉思汗招募耶律楚材时。北中国的大多数地方已归其所有，其余的地方不久也将紧随其后，在适当的时候，南方的宋朝也很可能会如此。他并不知道他的计划将会被讹答剌突变的形势打乱。他也间或有时间来进行思考。这一切都是命中注定的吗？征服、死亡、毁灭，接下来又是更多的征服？这一切究竟意味着什么？

正如其诸多战役的成功证明的那样，成吉思汗只是一个工具，上天或者长生天或者上帝的意志正是借诸他来执行的。通过一些主要的宗教的历史，神学家们对如何辨别上帝的意志都会经过一番痛苦挣扎。成吉思汗并没有经历过这样的痛苦，他的成功使得上帝的意志昭然若揭：一个国家或者一个地区已经被授予了蒙古人。现在的问题只是要找出这份厚礼的范围。也许是整个世界？那正是成吉思汗的继承者们开始深信不疑的。无论其范围有多大，它都是上天的意志，蒙古人的任务就是要让每个人承认这个令人震惊的事实。正如贵由汗在成吉思汗逝世 19 年后写给教皇的信件所示："若不是由于长生天的力气，人们又能有何作为？"是的，其他的主要宗教也提供了不同的通往同一个上天的道路。但是正如蒙古人争辩的那样，明白的事实是，上天眷顾蒙古人。而另一方面，有关这种神性的本质也有某种不确定性——不是有关被授予了什么，而是被什么授予？这种神性的本质是什么？其他一些秘密也有待于解开：比如为什么？这一厚礼又会附加一些什么义务？在默默无闻中被选中，被护佑，并由于服从被授予史无前例的征服，然而却不被授予对宇宙本质的认识，无疑非常令人困惑不解。因而对于任何一个能够给予指导的人，成吉思汗均持开放态度。

对于成吉思汗正在致力于解答的令他备感困扰的问题，他可能会有几条道路可循。他曾经尝试过萨满教，但却发现了它的不足。成功来得太过迅速，以至于没有时间发展出一种能够质疑长生天的宗教派别。其"父亲"脱斡邻勒接受的信仰聂斯托里基督教只是一种遥远宗教的较小派别，而且并未给脱斡邻勒带来多少好处；对伊斯兰教他更是一无所知；而那些失去活力、农耕为生、并且由于奢侈而变得羸弱不堪的中国的城市居民又能提供什么呢？

正如史实所示，他就要去探寻，因为他恰好征召到了中国最为卓越的人物之一：耶律楚材。尽管受雇为管理人员，但楚材碰巧既是一个有高度独到见解的学者，又是一个极具使命感的人。他献身于这样一种观念：他的新主人成吉思汗已被上天选中，因而帮助成吉思汗由一个蛮夷军阀转型为一个普天下的皇帝就成了楚材的天赋使命，是他的既定日程。正如他在其《西游录》中写的那样："我希望使我们的主人高傲地踏上古代先贤的脚步。"①（据英文译出，未查对原文——译者）以楚材的兴趣与成吉思汗后来的行为为基础，不难推断出为了带来这种变化楚材会向他的新主人谈些什么。

成吉思汗的领导艺术之十八

理性的思考（或者至少自以为如此）

成吉思汗最出人意料的特质之一就是其对知识的好奇。成吉思汗目不识丁，而且据我们所知也未受过教育。然而他却对宗教兴趣颇深，

---

① 引自罗依果：《耶律楚材，耶律铸，耶律希亮，为可汗尽忠》

这是由于受到了自己的成功的启迪，而且他坚信这种成功来源于上天的支持。为什么会如此？它又需要一种什么样的回应？对此他并没有答案。但他的开放却不经意地让他加入了一个横跨许多文化的争论：统治者也应该是哲人吗？或者他应该依赖谋士吗？中国的学者们认为，统治者应该依赖建议。在公元前5~4世纪，柏拉图认为，国王们应该是"真正的与称职的哲学家"，而他的学生亚里士多德却认为，国王们"应该从真正的哲学家那里获取建议"。在9~10世纪，伊斯兰哲学家阿法拉比认为，神学、制定法律、哲学与君主政体都必须与基层社会相联系。成吉思汗从其学者谋士耶律楚材那里了解到了这类事情，而后者则决心将其变为道家圣人。成吉思汗对此做出了回应，或者似乎如此。无论其真正的信仰是什么，成吉思汗显然已经看到了被视为一位致力于朴实节俭、无私奉献以及为民谋利的统治者的益处。

在北京陷落后隐居的三年中，耶律楚材切断了与朋友和家人的联系，成了一位名叫万松的僧人的信徒。在此期间，他潜心典籍，包括与战争、管理与领导相关的古典著述。成吉思汗肯定将会对其新谋士介绍给他的哲学与仪式的大多数内容毫无耐心，因为时间太短，但耶律楚材将会热衷于探索一些基本的说教：只有政治的统一才能结束持久的战争；良好的统治必须始于统治者的内心与思想。

毫无疑问，第一项建议事关最为紧迫的事务：西征花剌子模，因而他（很可能）向成吉思汗介绍《孙子兵法》。这方面的讲解，楚材肯定还会加上一些有关领导及其基本要素方面的建议：智慧、诚信、仁慈、勇气与严厉。他还会指出，孙子利用了更为古老的典籍《易经》与《道德经》以及它们对简朴的坚持——"断其水源，去其牟利，十倍于调动军队"——以及对暴力的憎恨：

欲一天下者，

必在乎不嗜杀人

他也会谈到孔夫子——西方人所知的 Confucius——这位公元前 6 世纪的圣人，他的道德与政府体系建立在这样的原则之上：通过领导人与追随者对于忠义、孝悌、礼仪与仁义的实践来达到天下大同。然而正如战国时期（公元前 475～221）所遭受的无数的战争与不计其数的死亡所证实的那样，所有的一切并不总是很完美。于是另一个以法家著称于世的哲学出现了，这种思想建议统治者使用最极端、最法西斯主义、最马基雅维利式的政策来行使权力。楚材也会提到法家最为卓越的代表人物：公元前 221 年统一了中国的秦始皇。他也会指出秦始皇的王朝是中国最短命的王朝，仅延续了 15 年。极端的压迫会诱发极端的反抗。这里也有一个教训：最好依靠其他一些德行——道家古老的美德，或者其中的一些，比如节俭、勇气、慷慨及其古老的目标，比如健康、财富与长寿，或许甚至是长生不老。道教已经与佛教相互纠结了，但是就在成吉思汗兴起不久之前，道教的一个以全真教而著称的派别繁盛起来：它倡导楚材的师傅万松和他自己共有的信念，佛、儒、道"三教"合一于心。楚材向成吉思汗推荐的正是这个教派及其领袖长春真人，而成吉思汗本人也无疑热衷于找到这样杰出的学者来支持他的信念：游牧民古老的节俭与慷慨的美德要远比残酷更为有效。

谈论长生不老

在沿着这一思路的几番说教后，楚材似乎觉得成吉思汗正在开始获得道家内行的一些品性，巩固这方面进展的时机已经到来。

此后不久，当成吉思汗正在准备西进花剌子模时，楚材指出，实际上长春真人正是那个可以带着成吉思汗沿着这条路继续走下去的不二人选。他在政治上很有用处，因为他对成吉思汗新近征服的动荡不安的中国臣民发挥一种良性影响。而最终使问题得以解决的是炼金术的实际潜力。成吉思汗已年届 60，而且已不可能继续不断进行征战了。而长春真人据说已经 300 岁了，可能会面授一些长寿机宜。于是，一个跨越中亚草原、戈壁以及北中国战乱凋敝的乡村直达长春真人位于山东半岛距北京 500 公里之遥道观的邀请函便被发出。

这封邀请函以古典的中文书写，仿佛出自一位道长兼简朴的武士，而非来自一位如果愿意可将北中国大部分财富据为己有的征服者：

天厌中原骄华太极之性，朕居北野嗜欲莫生之情，反朴还淳，去奢从俭，每一衣一食，与牛竖马圉共弊同飧。视民如赤子，养士若弟兄，谋素和，恩素畜，练万众以身人之先，临百阵无念我之后，七载之中成大业，六合之内为一统。非朕之行有德，盖金之政无恒，是以受之天佑，获承至尊。①

这是一个非同一般的声明，如此重要以至于被刻在石碑上。文字可能出自楚材之手——极有可能如此，因为它们是中文——但成吉思汗肯定会赞同这些观点：一个领导者应该是个人美德的象征，生活简朴，与普通大众同甘共苦，并关怀其他人（当然，只要这些"其他人"是蒙古人）。

尽管不是 300 岁，但仍然年过七旬的长春真人试图借口推脱。其他统治者也曾邀其赴宫廷，但均被他拒绝。但这一次拒绝已无可能，显然这是上天的意志。"我循天理而行"，他回答道，"天使行处无敢

---

① 布莱特施耐德译，《中世纪研究》，卷一。

违。"这位老道人随即出发，踏上了一次如其弟子李志常在最有魅力的游记之一《长春真人西游记》① 中所记录的历时四年行程 10000 公里的旅程。

对任何人来说，这都是第一次有可能在单一政权的保护下从事这种穿越亚洲的旅行，更不用说一位年长的道士。长春真人的旅行是在过去的 20 年间蒙古人建立起来的史无前例的自由旅行的第一个证明。蒙古强权下的和平使得在接下来的 150 年间不计其数的西方人穿越欧亚大陆从西方旅行到东方成为可能——基督徒教士、商人与探险家，其中最负盛名的就是马可·波罗。但是首次穿越之旅则是来自另一个方向，肇始于此刻已深入阿富汗的成吉思汗本人的盛邀。

在 1222 年 5 月的第二周，随着初夏的暑热开始温暖阿富汗高地，长春真人与大汗最终相见，并通过一位翻译进行交谈。很难说他们彼此二人谁最敬畏谁，是现实世界的主宰还是未来世界的。他们双手合十鞠躬，互致简单的问候。

"他国征聘，皆不应。今远逾万里而来，朕甚嘉焉。"

仅把自己描绘为山间隐士的长春真人回答说，"山野诏而赴者，天也"。然后成吉思汗直接切入正题：

"真人远来，有何长生之药以资朕乎？"

"有养生之道，"长春真人回答道，"而无长生之药。"

成吉思汗非但没有因希望破灭而不安，反而"嘉其诚实"并如楚材所构想的那样，为此次旅行的主要目的做准备：亦即从这位成吉思汗所称的神仙那里获取有关养生与治国良策。但这一地区仍然没有完全平定。山中依然匪患横行，而彻底剿灭他们仍尚需时日。师傅说在这种情况下他最好能够返回撒马尔罕。对一个已经行程万里的人来说，

---

① 既不要与 16 世纪著名的同名小说相混淆，也不要与楚材的书混为一谈。李志常的书已经被布莱特施耐德与威利先后两次译成英文，见书目。

往返三周的旅行不算什么。

那年夏天回到撒马尔罕后，该城的总督将长春真人的起居照顾得很好，居室的游廊上微风徐徐，门前的湖泊可供沐浴，花园里种着西瓜。9月的返回阿富汗之旅以长春真人对道的讲解而达到高潮：道即为天地万物之根源。1222年11月20日，成吉思汗下令将长春真人的话用蒙古语与汉语记录在案：当人最初出生时，他沐浴着神圣之光，他的道路是光明的。但他的胃口和渴望是如此强烈，以致他的身体变重，圣光却暗淡了，由于受到肉欲和精神依附的困扰，他的生命的基础变得不平衡了。那些修道之人通过清心、寡欲和沉思来寻求重新获得这种平衡。真正的长生不老之药就寓于其中——矿物质的象征性的结合。大汗应节制食欲，清心寡欲，拒绝肉欲，食用清淡新鲜食物，戒除淫欲。尽力独自睡觉一个月，他建议到。成吉思汗可能会非常惊讶，这与他的精力水平会有什么关系。

在长春真人相伴成吉思汗返回蒙古的途中，说教还在继续，并有了一些更为严肃的教导："常闻三千之罪，莫大于不孝者，天故以是警之。今闻国俗多不孝父母，帝乘威德，可戒其众。"

成吉思汗非常高兴地说："神仙是言，正合朕心。"然后对其大臣与官员说："天俾神仙为朕言此，汝辈各铭诸心。"或许他们这样做了，但并未记载在史籍中。这位道士及其说教在《蒙古秘史》中只字未提，这也是其编纂者显而易见的忽略其主人声音的为数不多的案例之一。或许此公认为，这与成吉思汗的利益不相符，或者是无助于帝国的既定方针。或者他理解成吉思汗的真实意图：成吉思汗正在用他创建的横跨两个世界，即游牧与定居，牧人与农民，蒙古人与中国人的新统一体做着某种实验。他可能会对这位神仙心怀敬畏，但也不会言听计从。出于政治原因，他需要这位老人的支持。但是如果他回归内心世界的平和与宁静，他的感召力——个人的超凡魅力——还会剩下什么？

结果是各有所得。成吉思汗下令长春真人及其信徒免于赋税。在这位道士回到中国后，免税对其教派的收入与扩大起了非同一般的作用。这位道士敦促其信徒平静地接受蒙古人的统治。道教从一个深受其前辈与对手佛教欺压的小教派膨胀起来，其不断增加的信众，占取衰落的佛教寺庙，并在此建设新的道观。

超越魅力的谦卑

所以，无可否认这些征召、会见与奖励中都有政治的意图，对其始作俑者楚材与成吉思汗本人都很合适。但笔者并不认为成吉思汗的尊重是假的。他并非伪君子，既不否认上天对他的垂青，也不否认其本质对他来说仍然是一个秘密。为什么他这样一个位于遥远的荒野一隅且穷困潦倒的二流贵族会是这样一份珍贵礼物的获得者？他不能理解，也将绝不会理解，因而决定在这个问题上保持缄默。正因为如此，他身上没有那种亚历山大或者奥古斯都式的将自己神圣化的傲慢，在超凡入圣与其无知的人性之间有着一条巨大的鸿沟。这些认识在成吉思汗内心创造出了一种谦卑的意识，一个世界征服者身上的非常奇特的特质。

但他依然绝对堪称最卓越的领袖，正如吉姆·科林斯在其《从优秀到伟大》一书中所写的那样。该书论及的是使一个出类拔萃的公司有别于仅仅一个好公司的原因究竟为何。在将两者进行详细比较之后，他与其团队得出了这样的结论，就其本身而言，具有超凡魅力的领导是十分不错的，但也潜藏着危险。他的话值得引用，因为它们非常有悖于直觉。他的所指是企业领导人，但其结论却可同样适用于其他领域的领导者：

　　强势而又有超凡魅力的领导人……都太过容易变为推动一家公司的事实上的主体。在整个研究中，我们发现一些对照公司的高层领导人用这样的铁腕进行统治或者灌输这样的恐惧以致其员工担心他——他会怎么说，他会怎么想，他会怎么做——远多于担心外部现实及其对公司的影响。……一旦领导者使他本人成为人们担心的首要主体，而非应该成为主体的实情，那他肯定就是个庸碌之辈，甚至更糟。这就是那些魅力稍逊的领导者与其魅力四射的对照者相较，往往会产生更好的长期效果的原因之一。的确，对于那些个性十足、魅力超群的领导者来说，这个观念非常值得思考：个人魅力可能会是资产，也可能会是负债。

　　历史给我们提供了很多混淆事业与人格的领导人的例证，他们常常顾此失彼。在我们的时代，穆加贝与萨达姆便首当其冲。成吉思汗并非如此，他的目光所及远远超越了个人的人格而在于一个永久性的帝国。他召请长春真人的决定——或者毋宁说他接受耶律楚材建议的决定——事实上与罗马的皇帝们有着异曲同工之妙，他们在进行胜利大游行之际，总会有一位导师一样的人物伴随在他们的马车旁，不停唠叨着统治者的宿命。

　　然而，尽管目标宏大，其信念的本质——很可能与无知相伴——却表明了一种记载在扎撒中的对宽容的需求："他命令所有的宗教都要得到尊重，不得显示出对其中任何一种的偏好。他的命令都是为了与上天相一致。"（据英文译出，未查对原文——译者）在他死后，这种态度融入了帝国的日常管理。1254年，当一位来自法国东北部鲁布鲁克的教士威廉见到成吉思汗的孙子蒙哥时，这位大汗告诉他："我们蒙古人相信只有一个决定我们生死的上帝。……正如上帝给手长几个手指一样，他也给人指出了几条道路"，因而所有的主要宗教——佛教、道教、伊斯兰教与基督教都可在其宫廷得以展示。

成吉思汗的领导艺术之十九

培养谦卑

在这一方面，成吉思汗与现代领导学理论非常相符。在《从优秀到卓越》一书中，吉姆·柯林斯将领导人划分为五个类别：极有能力的个人，有奉献精神的团队成员，称职的经理人员，高效的领导者以及五级执行官。五级领导者不仅致力于对个人人格的崇拜，而且也献身于事业，无论其本质是什么。这样的领导者是"一种极端的个人谦恭与极强的职业精神相结合的个人……五级领导者会将个人需求置之度外，致力于建立一个卓越公司的更加远大的目标。这并不意味着五级领导者没有自我或者个人利益。的确，他们都难以置信的野心勃勃——但他们的抱负首先——而且最为重要的——是为了公司而不是他们自己。"

谦卑与宽容兼而有之：这对一个因权力与残忍而恶名昭彰的世界征服者来说，的确是两种令人惊叹的品质。它们的共存解释了有关他的其他一些东西，这或许可被视为极限，或者美德，甚至或者二者兼而有之。

有一次，当笔者在马来西亚一所大学探讨该问题时，一位戴头巾的年轻女士认真地起身问道，是否笔者真的在宣称成吉思汗比穆罕默德伟大。这个问题使笔者陷入停顿，不仅仅是因为突然紧绷的神经使笔者意识到，这是在穆斯林国家的一个社区，而且还因为这是一个非常有趣的比较。与成吉思汗一样，穆罕默德也出生于血亲复仇文化一块贫瘠土地上一个游牧民家，而且不久就成了孤儿。他也有一种在真主的眷顾下实现统一的理想。但他距他的真主比成吉思汗更近，他听到了一个声音在对他说："诵读，以真主的名义，他用血块创造了人类。"他也相信自己被选中做真主的代言人。在经过22年的沉思与"诵读"之后，他启发了伟大的格式化著作之一《可兰经》的创造，该书在宣扬其对神圣生命充满激情的理想的同时，也纯化了他的语言。与成吉思汗一样，他把血缘置于信念与理想之下。仍然与成吉思汗相同，他热衷于创建一个社会，发布有关食物、婚姻与战争的指导意见。他既是先知又是君主，在他死后，他留下了一个被用剑在旋风般的狂热、政治对抗以及掠夺的热望中传播的新宗教。结果就是一个以信仰与圣书统一起来的帝国，与成吉思汗的首先是以政治统一体而建立起来的帝国截然不同。

或许在两个如此不同的帝国之间进行比较实属荒谬，但有一点差异尤其突出：在宗教层面，成吉思汗一无创新，也没有激发他的人民步入文学创作的高地。（尽管《蒙古秘史》非常重要，但不足以与《可兰经》相提并论，更不可与《圣经》或者荷马的著作相比。）成吉思汗及其后裔的目的是通过解决宗教的差异来维持政治的统治，而不是去创造新的宗教。蒙古人已经被对成吉思汗的崇拜统一起来，但这依旧无法与对被视作真主代言人而广受敬畏的先知的崇拜相比。最终，他没有给人类留下伟大的启示，蒙古帝国也除了其自身的生存外没有更加伟大的事业。

如果有人认为领导学意义上的伟大一定要包括宗教的创新的话，这就是极限。就个人而言，笔者认为这个世界应该为这种极限而深表感谢。如果成吉思汗创立一个教会，授命教士去杜撰一种神学，然后再把这种信仰强加给其心有不甘的臣民，可以想见成吉思汗还会进一步造成一些什么样的灾难——强制皈依，令人毛骨悚然的殉道，古怪的仪式，赎罪，更加残酷的征服，教派冲突。以此做遗产，或许蒙古人就不会于1242年如此轻易地从匈牙利撤出。在这一方面，我们都幸运地逃脱了。

第七章　阴谋家：
最后的征伐与死亡

当成吉思汗于 1225 年初返回蒙古时，便开始着手准备对其背信弃义的仆从西夏的战争。一年后他已准备就绪，而他经过一夏天休整以及得到花剌子模及其他非蒙古部落补充的军队已枕戈待旦。与以往一样，他的战争目的依然是夺取仅有一半被征服的金朝的其余地区，以阻止其可能对主要目标的增援。

他再一次挥师南下越过戈壁，来到一个野驴成群的地方。年过六十多却依然十分活跃的成吉思汗当然不会错过这样的大好时机。在一次猎驴活动中他坠马受伤，伤势之重致其将领建议撤军。①

他予以断然拒绝。"唐兀惕人会说我们撤军是因为我们丧失了勇气，"他说，这无疑是个大胆的决定，因为这意味着要在荒野里度过冬天。为使其计划不受影响，他派遣使者提出一个和平方案——回报当然是彻底臣服。但是唐兀惕的将军阿沙却态度强硬，他在贺兰山有一个堡垒，他说："我们就在那里决战吧。"当信使将答复带回来时，正处于恢复状态的成吉思汗勃然大怒："他们说出这样的大话，我们怎么可以退回去呢？即使死也得照着他们的大话去攻打他们！"，他说，并又一次将他的生命交给了他的上帝，"长生天，你知道。"

阿沙的断然拒绝很容易让他做出决定，此举也包含着一个阿沙希

---

① 据一些人说，这次坠马是他死亡的原因。然而他依旧征战了一年多时间，所以不会是致命的。

望蒙古人遵循的战略：沿着他们第一次入侵时的同一条路线快速挺进东南，在西夏的后院决一死战，在那里，唐兀惕人可以依托他们两座主要的城市银川与武威得到增援。然而成吉思汗之所为却恰恰相反，采取了在花剌子模屡试不爽的战略：快速挺进西南，穿过后门，绕过沙漠，沿黄河直趋敌人心脏地区。

当春天来临时，成吉思汗已经康复，足以率兵进行两到三天的艰苦之旅，穿越阻隔三美人山与西夏北部边堡的250公里的沙漠与砾石。这座拱卫严酷砂石地貌的边城，拥有居民数千，颇为繁盛，蒙古人称之为哈喇浩特，意为黑城。这里有水源，发源于祁连山向北流去的额济纳河（中国古称弱水）在此形成了众多湖泊。

没有军队出战迎敌，哈喇浩特没有任何机会。现在蒙古人可以一如既往利用战俘、叛徒、资源与武器去攻取下一座城市，如有可能就进行谈判，如有必要就使用暴力。与在花剌子模一样，这并非闪电战，而是一种自我壮大的不可动摇的前进，是一种在前进过程中获取动能的缓慢的雪崩。

在历经两个月，并又向南深入250公里抵达祁连山后，成吉思汗可以将其不断增加的军队分兵数路了。速不台率偏师西进去夺取这个国家最为遥远的城市，而主力部队则向东挺进直趋西夏的心脏地区。

1226年秋，在祁连山夏营地短暂休息后，成吉思汗返回到黄河岸边与其军队重新会合并渡过这条宽阔的水道。很可能是在羊皮或牛皮筏上搭载平台，就像当地人顺流而下用来运送谷物与盐的方法一样。然后他又向北迂回，由东南方向直逼银川——与阿沙在其挑战中预设的方向恰恰相反。他的进展彻底粉碎了唐兀惕人的士气。那个无用的皇帝李德旺已死去，而帝位这个有毒的圣餐杯落入了名叫李睍的宗亲手中。他的在位期是如此的短暂，而接下来的事又是如此具有破坏性，以至于他对我们来说实际上就仿佛幽灵一样。

1226年12月，成吉思汗再次分兵为二，一支军队进攻银川，而另一支军队则在他本人的亲自指挥下，不但攻取东南方向的小城市，而且也在实施针对金朝的更为广阔的战略目标。

这次行动的目的就是要夺取金朝西部的狭长地带，以防止金军驰援其唐兀惕盟友，并为最终征服金朝做准备。

数周后，成吉思汗听说在历经半年的饥饿与疾病之后，李睍准备投降。他说他所需要的一切就是一个月的宽限期，以便准备恰当的礼物，希望得到宽大的待遇以及作为仆从的长久统治。成吉思汗则根本没有宽恕之意，但他也不愿暗示他的真实意图，即一如既往的对抵抗者尤其是两次背叛者的冷酷无情，不可能留下任何信任与和解的余地。他们将会"像炉灰一样被风吹散"。正如《蒙古秘史》严肃的宣称的那样，成吉思汗降旨道："把勇猛敢战的男子、有地位的唐兀惕人杀掉！战士们可娶其所擒获的各种唐兀惕人。"这并不是一个在楚材的建议下行动的道教圣人所下的命令，在他看来，没有什么比屠城更加克制的了。错误地信任了唐兀惕统治者一次，又被他们背叛了两次，他所施加的惩罚已经非常危险地接近于种族屠杀了。作为这可怕过程的第一步，唐兀惕的统治者必须死。

此刻时值夏令，在成吉思汗率主力南进越过金界至关重要的突出部之前，曾在六盘山度过一段时光。就在此山南部 100 公里，距宋金边界不远处，似乎一切都将准备就绪。成吉思汗正处在最后征服西夏的边缘，而且还刚刚占领了金朝西部的一部分领土，这里即将成为一个基地，由此出发完成对中国北部所有地区的征服，届时他将拥有一个从太平洋几乎延续至巴格达的帝国。西夏皇帝正在归降的路上，奋斗一生的目标即将实现。

临终阴谋

　　就在这关键时刻，1227 年 8 月初，成吉思汗罹患疾病，很可能是由其南进的军队传染的斑疹伤寒。他身边的每个人都知道，病情十分严重。他患病的事实已不可能掩盖了，但其严重性必须保守秘密。因此就在其生命最后一周的第一天，成吉思汗乘坐一辆封闭的马车，急匆匆地进入六盘山的一个水草丰美而又隐秘的山谷，只有在这里秘密才可得以保守。在 2000 年，这块被奔流的溪水分割的陡峭且森林密布的地方，被开辟为方圆 6000 平方公里的国家公园，六盘山国家森林公园，同时修建了一条通往营地的新道路。时至今日，这里依然因其药用植物而蜚声四海。数年前，当笔者身临此地时，还曾见到过 39 种药材的名录。成吉思汗在这里肯定接受了多种治疗。

　　尽管无一见效，但在最初几天，成吉思汗依然是个策划未来的战略家。根据一则波斯史学家拉施特几十年后撰写的有关这些事件的一个版本，成吉思汗说："不要让我的死讯传出。不要哭泣和哀悼，这样敌人就不会知道任何事情。但是当唐兀惕首领及其人民在指定的时辰离开城市时，一定要将他们全部消灭。"所以接下来，笔者以为，成吉思汗的最终目的就是无论自己的命运如何，也要确保其得到上天支持的统治世界的计划不会破灭。

　　首先，正如中国史料记载的那样，成吉思汗制定了灭金战略。占领金朝的其余地方就意味着占领新首都开封，而为了做到这点，蒙古人就必须首先找到攻破俯瞰狭窄的潼关的坚固堡垒的方案，该堡垒设于群山与渭河和黄河结合部。自公元前 3 世纪开始，这里就成了攻击黄河下游的冲要之所，开封就位于下游约 350 公里之处。成吉思汗知道他在讨论什么：蒙古人曾经在1216年以前占领这个堡垒，只是在他们撤退时放弃了它。而此刻它更是易守难攻。但潼关的堡垒与开封均靠近金朝与宋朝接壤的南部边界。最好是征得宋朝同意，绕过潼关，由南面进逼开封："金宋世仇，宋当赞同。"这将迫使金朝由潼关堡垒派兵驰援，既可使金军疲于奔命，又削弱了潼关的防守，然后将其攻取，使开封失去重要的屏障。正如史实所示，这正是成吉思汗的继承者在七年后的灭金之战中使用的战略。

然而这个出色的计划包括帝国本身都由于成吉思汗的罹病而危在旦夕。正在由银川赶来投降的西夏皇帝可能会无人受降。如果他听到这个消息，也可能会原路返回，求援于金。西夏与金朝曾为盟友。金朝的确未践前约，但那是在蒙古人发动进入金朝疆域之战前。此时，两者可能会结成天然的盟友，合兵对抗共同的敌人，使成吉思汗的宏伟战略胎死腹中。

唯一可能的行动方案就是一切按计划进行，真相之天机丝毫不可泄露。西夏皇帝的到来，投降然后成为其背信叛变的人民中第一个引颈就戮者因而成了关键之所。

但这一阴谋需要小心操作。① 西夏人是有信仰的民族，李睍的敬称之一是一个佛教头衔，亦鲁忽·不儿罕，崇高的圣者。冷血的谋杀这样一位有宗教光环的人物算不上什么了不起的大事，为将李睍贬低为某种可以牺牲的人物，成吉思汗给了他一个"失都儿忽"的称号，意为"忠实者"。这似乎只是一个对其屈服的完全接受，但事实上，它却是一个伪装起来的死刑判决。他将肯定会变为一个忠实的仆从——死后在阴间效忠成吉思汗。

李睍将在何处投降？当然不会是在隐匿于群山之中的秘密基地。

---

① 笔者在《成吉思汗：生死与复活》一书中讲述了这个故事，但这个版本是更新的，因为笔者已经能够利用罗依果的新版《蒙古秘史》极其详细地注解了。见书目。

碰巧在附近的开阔地带有一个恰当的场所。在固原与六盘山之间低矮且梯田遍布的小山丘附近有一个叫开城的村庄,成吉思汗曾下令在此建一个临时总部。这个新的总部连同其毡帐宫殿与卫兵找到了第二个用途,作为接见西夏皇帝最后来投降的基地。

与和成吉思汗之死相关的许多其他问题一样,这只是推测,但是也有证据。数十年后,成吉思汗的孙儿忽必烈把这里建成了一个行省事实上的首府,而他的征服也正在朝着实现其祖父更远的理想的方向进展。忽必烈的一位孙儿于1297年开府于此,率军10000负责这一地区的防务。1306年,一次致使5000人丧命的地震摧毁了这里。人们纷纷逃亡,土坯房屋被水冲毁,它也在人们的视野与记忆里消失了。考古学家们现在正在进行着一个宏大的工程以使其重见天日。而忽必烈当初之所以挑选到这里,其原因很可能是开城实际上是其祖父于1227年春选定的一个神圣的场所。

事情发展的来龙去脉并不很清楚,但这很可能是情节之一:

唐兀惕的皇帝抵达成吉思汗的行帐,但却发现这位汗"帐门紧闭,并要不儿罕在帐外奉献贡品"。此外,正如《蒙古秘史》记述的那样,成吉思汗"感到了厌恶"。这个记载十分奇特,毫无疑问,这位已经是罗马帝国面积两倍的帝国的创建者,不愿意以这种方式处置被他征服的仇敌,这样做会在李睨随从心中引起疑虑。唯一可能的解释是,成吉思汗及其心腹群臣已无选择余地,因为成吉思汗已经病入膏肓,无力举行一次面对面的觐见了。当然,唐兀惕的皇帝无论如何都会被处死。但他亲自表示臣服、奉献礼品、完成将其帝国交给成吉思汗(或其后裔)的仪式依然十分重要。而同样重要的还有那种留在性命得以保存的人们心目中的印象,即一切尽在成吉思汗的掌控之中,这对普通蒙古人来说也是如此。

我们得知,自发病以来成吉思汗的生命仅延续了一个星期。而西夏皇帝及其随从带着满载的大车从其首都经300公里跋涉到蒙古人的行宫也大致需要这些时间或稍长一点。与此同时，成吉思汗在六盘山的基地进行治疗。当然也只有在他濒临死亡之际，他的治疗才会终止。而且也只有在那个安全的山谷，他悲哀的随从们才能遵命保守他即将死亡的秘密，然后奇迹般地使他们生病的主人置身于开城的最后摊牌的现场，使得大惑不解但却极为顺从的李睍献上他的贡品：先是一尊金佛，然后是丰盛的礼品，每一种均以吉祥数字九为一组——九只金碗、九只银碗、九对童男女、九匹骟马、九峰骆驼以及其他许多物品。然后一位年长的将军监督处决。很可能是通过窒息来执行，以便符合蒙古人长期以来奉行的不流血处死贵族的习俗。

没有任何细节被泄露出来，但成吉思汗显然有时间发布其最后的命令：蒙古人将要消灭"唐兀惕人，从父母到子孙的子孙"。然后他说道："每次吃饭时都要说'把他们消灭干净，杀死，消灭掉'。"与他先前的命令一样，这听上去的确像是种族灭绝。许多人认为这就是，考虑到唐兀惕文化事实上的消失——失去的语言、被遗忘的文字还有昔日金碧辉煌的皇家陵园，现在只是矗立在那儿与贺兰山形影相吊的几座光秃而灰暗的塔楼。实际上，这个命令应该被严格限定在唐兀惕的统治者家族，因为——如《蒙古秘史》所述——"许多唐兀惕百姓，留给了也遂合敦"，即那位成吉思汗带在身边，并于 10 年前敦促其立储的妻子。

在战争史上，成吉思汗针对花剌子模的穆斯林与西夏的唐兀惕人的战术可谓残忍之极。但它们依然算不上大规模屠杀或者种族灭绝，因为它们无意从整体上消灭一个种族或者一种文化；它们也不是种族清洗的早期例证。他并没有释放出那种发自内心的、无理性的仇恨。成吉思汗对于其他部落或者种族并无个人好恶，只要他们按照要求去做。他也不会纵容或者宽恕对俘虏的折磨或者羞辱。他的态度是彻头彻尾的就事论事式的，或许可以做这样的解释：我们

蒙古人是上天的唯一子民，事实就是这样；接受它，克服它，加入我们，并收获利益。所以，在与唐兀惕人打交道时，他看到了一个有待解决的问题。他们的领袖由于两次背叛必须得到惩罚，当然，他们的军队也必须消灭，但这只是其前进路上的一块绊脚石，而他的意义更加重大的问题则是：对金朝的最后征服。就像一位功夫大师一样，他直接对西夏出拳，将其击出赛场，以便能够立即转而完成其始于 16 年前的事业。不幸的是，死神叩击了他的毡帐之门，他的伟业被迫延宕。

成吉思汗的领导艺术之二十

规划身后之事

成吉思汗的统治背后有一条铁律。正如其坚信不疑的那样，如果上天选择了他及其人民来统治世界，那么，事关重大的就是帝国而非他本人。他只是一个上天意志得以昭示于天下的工具。作为上天的工具，他的职责就是保证通往伟大计划——永远统治世界——的实现之路不会受到任何干扰。因而相形之下，他的死亡只是一个微不足道的挫折。而使之得以如此的唯一方法就是保守秘密，只有几位关键的近侍知道。否则，所有臣服的国家都会反叛，所有的敌人都会士气大振，所有的一切都会得而复失。笔者以为，那就是为什么有关他怎样死去、死于何地或者尸体被如何处理、其送葬队伍经由哪条道路返回蒙古之类的故事从未得以传播的原因所在。当然，此后他的死讯将会尽人皆知，但已与事无碍。唐兀惕已被消灭，汗位承袭已顺利完成，进一步的征服计划早已在握；上天的意志得以遵从。

根据稍晚一些的中国史料，成吉思汗死于农历七月十二：8 月 25 日。但是最可靠的中国记载也至多是在十年之后的蒙古人完成征服金朝之时，而且具体日期的记载均不一致。而原本应该最为可靠的史源《蒙古秘史》，除了成吉思汗"升天"之外，对此事只字未提——笔者以为，这足以证明他的死亡时间与地点仍被保守为国家机密。

成吉思汗最后的领导行为的关键部分成了秘密，这一情况使得各种谣言甚嚣尘上。他死于攻击此城或彼城，或者他一直活到西夏投降之类的故事四处传播。后来——数十年之后，数世纪之后——诗人与说书人回忆起这位伟人的辞世，将几乎无人知晓的事实掩盖在谬误百出并且大多与佛教相关的口传故事中。

如其所望，成吉思汗的埋葬地点也是秘密之一。携带其尸体向北穿越戈壁的送葬队伍规模应该不会很大——一辆有家人、官员以及骑马侍卫相伴的大车——因为时值盛夏，速度极为关键。后来的传说谈到或许为了保守秘密对见到这一行列的人的大规模屠杀；但这一戏剧性的细节来自马可·波罗，而他谈论的则是一位后来的皇帝蒙哥，死于马可·波罗到中国前的 15 年。就笔者看来，悍然不顾成吉思汗表达的愿望以及其人民的利益，将注意力吸引到送葬队伍身上并且疏离幸存者，这样做的结果似乎是灾难性的。

行色匆匆的旅行之后又会是什么？当然不会是许多人想象的那种场面宏大的葬礼，他们的依据就是一些君主有大量的财富为其陪葬。这里没有坟冢，没有豪华的墓葬来容纳取自欧亚各处的财宝。他的愿望已在 1219 年致长春真人的信中一表无遗："朕居北野嗜欲莫生之情，反朴还淳，去奢从俭。"所以几乎可以肯定地说，他就在二十岁时曾经拯救过他的生命的圣山不儿罕合勒敦山上或其附近举行了简单的葬礼。马匹被牵来踏平这一神圣的地方，用以掩盖具体地点，然后在恰当的距离由卫兵小心守卫。许多年时间，那里都是禁地，直到杂草与幼树茁壮成长，这一地点也在人们的记忆中逐渐消失。现在，唯一不变的信念是：他就长眠于这座巨大而平顶的高山山坡的某个地方，或在与其邻近的一个山谷之中。

这一切都是按照他的意愿，没有一位将军、妻子、兄弟或儿子背其道而行。直至生命尽头甚至超越死亡，他都是当之无愧的领袖。

第八章 遗产：失败、
崩溃以及光荣的记忆

　　成吉思汗将他的帝国——连接太平洋与里海的四倍于亚历山大两倍于罗马帝国的一大片土地——看作家族领地，将它分封给了幸存的三个儿子以及已经死亡的长子术赤的两个儿子。如其所令，汗位的继承者是他的第三个儿子窝阔台，他占有新征服的中国北部的疆土、管理机构以及其父的理想：未完成的征服事业。

　　正是窝阔台重新开始了对中国北部的进攻，并于1234年完成了其父的这项未竟事业。他继承了一片由于战争的毁灭与破坏以及难民流动与疾病传播而凋敝不堪的土地，而若不是耶律楚材使窝阔台确信征税与屠杀相比是一项更加有利所图的政策的话，这种破败不堪的情况很有可能进一步发展。尽管如此，蒙古的记录——由新的书记人员小心收集的——依然表明人口数从约25年前的第一次入侵开始，已由4千万灾难性地下降到了1千万。

　　也正是窝阔台重新开始西征，派遣军队越过俄罗斯进入波兰、匈牙利，攻占数十座城市，将噩梦般的世界末日景象铭刻在了俄罗斯与欧洲的民间记忆中。欧洲的领导人们仿佛在汽车前灯照射下惊呆的鹿群，静等屠戮——这一屠戮从未到来，窝阔台在1241年因为酗酒致死而将军队召回了家乡，留在他们身后的是一片凋敝的荒野、被焚毁的城乡、正在腐烂的尸体以及减少到同类相食的人口数。每个人都会猜想，如果这些优秀的桀骜不驯的军队依然在成吉思汗更为精妙的指挥下，还可能会发生什么。他们可能再也不会回来了，因为他们的短暂停留已经表明，匈牙利的草原毕竟没有大到足以支持他们对西欧的入侵。

在接下来近十年的内部争斗期，所有的一切都几乎丧失，直到成吉思汗的另一位孙子蒙哥继承汗位才似乎告一段落。针对伊斯兰世界的另一次战役重新开始，在攻陷巴格达后继续西进，直到1261年在以色列南部遭受一次重大的失败后才渐渐停止。那时，蒙哥已死，军队数量锐减，战斗力也由于草原的缺乏而下降。又一个供给匮乏的例证。

及至成吉思汗的另一个孙子蒙哥之弟忽必烈践祚，他留下的巨大遗产更像是四个亚帝国，一个被相互竞争的野心分割，只由于残存的家族忠诚而联系在一起的联邦。忽必烈也坚持其祖父无限征服的理想，而他终其一生追求这一目标的后果依然影响着当今世界。因为正是由于这个梦想促使忽必烈创建了一个与现在十分相像的中国。

为了实现成吉思汗的理想，忽必烈必须征服中国的剩余地区——宋朝。这显然是一个滑稽可笑又野心勃勃的目标。宋是当时世界上最大的帝国：七千万人口，国土面积是中国北部与蒙古加起来的两倍，而其财富更是数倍于两者。中国心脏地区由长江与黄河灌溉的富庶的平原，数千年以来养育了一种在文学艺术、财富与博大精深的思想方面均无与伦比的文化，相形之下，伊斯兰文化只是个后来者，而欧洲则处于文艺复兴前的黑暗岁月。它有5万公里的水上快速通道，精美绝伦的商船在比世界上任何其他地区都要富裕的港口间往来穿梭。仅海关税一项，每年的收入就达650亿文。书籍印刷已达百万，同时还发行纸币。这一切都是蒙古人没有的东西，因而也是忽必烈梦寐以求的战利品。

为了进攻宋朝，忽必烈首先夺取了一个独立的王国南诏，这块最终于1253年被征服的土地，成了中国的云南省。与此同时，为了准备南攻，他重建了曾经存在过的与西藏的联系，这种联系最初是于1246年由其堂兄阔端建立的。他之所以这样做是因为他需要一种与中国及蒙古本土的说教——萨满教、儒家学说、道教以及基督教的一个异端派别①——既不相同又更为宏大的意识形态。。他在给他提供了"转轮王"概念的藏传佛教中找到了这种意识形态——一种证明世界征服合理的意识形态。通过接受佛教的这一派别，他将会变为这样一个帝国的政教首领，这个帝国将蒙古的、中国的、西藏的、唐兀惕以及在未来通过征服或臣服纳入其版图的任何其他文化连接在一起。与其祖父一样，他也看到了需要有一套文字系统来统一这个世界帝国。他的藏传佛教古鲁（印度教等宗教的宗师或领袖——译者）八思巴以藏语为蓝本为他创制了一套将在过去、现在与未来被用于书写其所有臣民的所有语言的文字系统。随着云南与西藏的平定，随着蒙古理所应当地归其所有以及随着西部包括今日新疆在内的所有地区的宣誓效忠，攻宋已是万事俱备。这场持续 20 年之久且规模巨大的系列战役至 1279 年最终完成，而它对宋朝的精英阶层造成的震撼几乎与对伊斯兰世界的征服给穆斯林带来的震撼具有相同的灾难性的后果。成千上万的人宁愿自杀也不屈服。

这是蒙古帝国登峰造极的时刻，因为在接下来的 15 年时间里，忽必烈很可能宣称拥有来自统治着从太平洋到匈牙利东部边界，从乌拉尔山到波斯湾的家族成员的效忠。无论从任何标准而言，这对于成吉思汗的理想来说，都是一个令人惊异的贡献。

成吉思汗的宏大理想：被揭示出的疯狂

但这个帝国还是过于庞大以至于难以维系。中国的统一付出的代

---

① 即聂思脱里派。聂思脱里派的传教活动在整个中亚与中国非常活跃。忽必烈的母亲就是一个聂斯脱里教徒，她的另一个儿子蒙哥皇帝的妻子也是如此。

价就是帝国的崩溃。

理论上说，它还是可以维系的。首先，有一个建立在对成吉思汗记忆基础之上的名义上的统一；其二是其拥有世界的理想；第三则是一个优良的交通系统，蒙古人在这一系统内以骑马疾驰的方式在帝国境内传递信息。配备有急递铺、备用马匹、专业骑手与特殊通道，它通常可以达到日行数百公里的速度。忽必烈建立了一个约有1400个急递铺，超过44000匹马——平均每站30匹的交通网络。理论上说，一条信息可以在一两周内穿越帝国，尽管实际上这个系统常被滥用。但无论其滥用与否，在电报出现之前，其迅捷程度仍无可比拟。甚至火车也比这一系统慢，因为到19世纪火车出现时，旅行被限制在国界之内。

问题是这一理想本身——毫无疑问——完全是疯狂的。如果成吉思汗知道欧亚大陆的真实面积与多样性，更勿论整个世界，他自己可能也已经认识到了这点。他自己的世界由蒙古及其周围的民族组成：当然足够大，但也只是整个世界非常小的一部分。最初他当然也不会理解，蒙古人的扩张是由草原提供动力，而在草原枯竭的地方，他就不再能够令行禁止。而任何超越草原的扩张——正如他以堪称天才的灵活性发现的那样——都需要有新的技术、新的人民、新的战争模式以及不断地适应。

是的，在成吉思汗的有生之年，他几乎接近了他的目标，而他的征服拥有的动力在他死后仍被持续多年。但在此后，当他的继承者超越极限之时，这个帝国的历史进程开始变得步履蹒跚，接着便是延续150多年的解体与崩溃。这并不仅仅是因为后来的蒙古统治者遇到了生态的与管理的极限。他们还遭遇到了彼此争斗，遭遇到了人类本性的极限。统治着今日之中亚、伊拉克、伊朗、沙特阿拉伯以及南俄的忽必烈的亲属们各怀野心，各自为政，皈依伊斯兰教，觊觎彼此的疆界，与外部权势结盟彼此对抗，相互征伐，对其臣民征税一直到死，并因而始终遭其憎恨，直到被推翻。

在仍应该是帝国中心的地区，忽必烈本人却避免了这些问题。为了统治这里，他需要横跨蒙古与中国两个世界，在保留蒙古精英的同时统治中国臣民。他无法从蒙古首都哈喇和林统治中国：它距中国太遥远，也太蒙古化。所以，他在戈壁南侧为自己建立了两个首都，其一是位于草原上的上都（讲英语者称其为元上都），他在此消夏，在有马可·波罗描绘的毡帐与猎场间作为蒙古人而纵情游乐。另一个则是他重建的北京①。他花大量的时间奔波于两都之间，这是一个危险的平衡行为的一个外在并显而易见的象征，但却未必有效，因为它把他与游牧的蒙古草原分割开来，而那里则始终是蒙古人权力之所在。

在监管一架巨型管理机器的同时——相当不错的管理成绩——忽必烈依然沉溺于其祖父的理想。中国就将是其进一步扩张的发动机。他的首要目标就是日本，在追求这一目标的过程中，两支入侵舰队葬身暴风雨，第一支是在 1274 年，第二次是众所周知的 1281 年，中国在蒙古人的统治下得到统一之后，开启了新的可能性：巨大的港口、造船能力、水手以及数以百万计的士兵。他的舰队约有 4400 艘船。其中有数百艘巨型战舰，其他的则等同于登陆艇，这是一支直至 1944 年盟军入侵欧洲前的历史上最大的海军舰队。它也象征着忽必烈错误频出的领导技巧的一切。来自最高层的绝对命令经过腐败的官员被传达到了港口的高丽与中国的劳动者那里；舰船被没有质量控制地拼凑在一起，并配备以心有不甘的船员。没有共同理想且粗制滥造的制作工艺，只热衷于逃避责罚的奸佞的下属：这就是一个静等发生的灾难。即使有良好的天气与卓越的组织，它也很可能难逃厄运。而且正如一次更好的侦察所示，日本人已经做好了准备。他们已经利用过去的七

---

① 北京是现在的名称，这座城市曾经有过许多名字。当成吉思汗于 1215 年攻占它时，它的名称是中都，忽必烈时为大都，很可能以汗八里亦即大汗之城而著称于世。

年时间统一了指挥结构，并且建造了一座足以将蒙古人、中国人以及高丽人的军队阻挡在海滨的高墙。实际上，他们甚至无需战斗。当忽必烈屡经延误并且准备仓促的舰队抵达日本海岸时，台风袭击了他们。八月中旬，今日福冈县的外海变成一架巨型搅拌机，将忽必烈的舰队粉碎成木屑，埋葬于污泥之中，共有约 65000 人溺水身亡：几乎可以肯定地说是历史上最大的海难。只是现在，这支舰队的一些残余物还会在以海洋考古学家柳田纯孝为首的研究项目中，从泥浆中浮现出来。而柳田位于高岛的博物馆里就展示了一些这支舰队准备不足的证据。①

成吉思汗的领导艺术之二十一

了解你的极限

越过墓穴，成吉思汗可能已经在向他的孙子忽必烈大声疾呼了："牢记领导艺术之九：承认现实。以事后诸葛亮的明智，我知道我误解了上天的意志。我的世界不是整个世界。你已经发现了你的极限，尊重它们。要看清，如果你不尊重会发生什么：你忘记了你的根，假作中国人，你被迫展示你的财富，被奢侈腐化，你的人民并非你的子民，你不能够对他们所有的人都一律慷慨。我使自己受人爱戴，是因为我足够强大来提供慷慨。尽管你的内心是善良的，但你将使你自己遭人忿恨，因为你尝试不可为之事，并会削弱你自己。乘为时尚未太晚之际，听我一言：向北撤退，回到天空更蓝生活更简单纯朴的地方。忘了中国，否则她将把她的报复施加于我们。"但忽必烈却受限于一种已经成为意识形态的理想。他已经失去了那种成为其祖父天才之根基的灵活性。通过尝试不可为之事，他使他的新王朝踏上了漫长而缓

① 有关这次灾难的详细记录考古研究，见笔者《忽必烈汗》第十三章。

慢的灭亡之路。

忽必烈当然不会从其征服的梦想——这种噩梦——中清醒过来。他甚至想发动对日本的第三次入侵，直到其他地方的灾难迫使其放弃这种想法。接下来还有一系列的征战：夺取缅甸（1277 年与 1284 年两次），越南（1286～1288）以及爪哇（1292）：这一切均以失败告终。在国内，这些冒险的代价也是灾难性的。不仅因为经济过度紧张，还因为忽必烈倚重一位腐败的乌兹别克财政大臣阿合马从其心怀怨恨的臣民那里搜刮财富。最后，在对日惨败后不久的 1282 年，密谋者策划了一个疯狂的计划，一个假扮的皇子与一群雇佣的随员引诱阿合马出北京城，然后将其谋杀。没有什么能够比该事件更好地揭示出忽必烈深居宫闱的状况——此刻他已年近七旬，宠妻之死令他备感沮丧，同时又身体过于肥胖且嗜酒如命。西部的三个被其亲属统治并相互攻击的亚帝国长期以来早已各行其是，而中亚的一大片地域则由一个反叛的亲属海都占为己有，并或多或少取得了成功。忽必烈 1294 年 1 月 79 岁时死去，并被葬在蒙古人的圣山不儿罕合勒敦其祖父的附近。

为什么会出错？事实上，从某种意义上说，并没有出错，因为将一个如此庞大的帝国维系在一起完全是一个无法达成的卓越成就。清楚无误的事实是，由于三个基本原因，它崩溃了：

忽必烈统治世界的理想不但是无法达成的，而且还是不真实的：那并非他的理想，而是其祖父的。如果他是个与成吉思汗一样的卓越领导者，他就应该能够去修正它以适应现实——亲属的竞争，汉族臣民的敌意，世界的广阔与复杂性——而不会陷入企图以像黑洞一样吸纳钱财的战争去超越其掌控的疯狂之举。

他的领导本身也是不真实的，因为他只是个外来者。他的臣民并非他的人民；只有他的助理人员才是——官员、管理人员、特务机构。

他的统治是自上而下的严密统治，这就像所有专制体制一样易于产生自下而上的腐败。

和他的祖父一样，他也不具备人文精神。这并不是说，元朝缺乏伟大的艺术家与作家——元代陶瓷、元代戏剧、元代的绘画、元代的工艺美术仍在引发人们极大的崇拜。但它们都是中国人的创造物，不是蒙古人的，有时候它们是在忽必烈宫廷的支持下取得的，有时候却鄙视他。但忽必烈本人乏善可陈。

最后，忽必烈的统治强调了有关权力与领导之间关系的一个真理：它们并不一定是相同的。忽必烈是他那个时代最有权势的人，也很可能是到现代超级大国出现为止历史上最有权势的统治者。他是一位伟大的管理者，一位平庸的战略家，而且他也竭尽全力了；但这并不可与做一个伟大的领导者同日而语。

在忽必烈死后，除了细若游丝的与成吉思汗的联系外，这个帝国已经所剩无几。在波斯，蒙古人的统治于 30 年后消失了。在俄罗斯南部，前蒙古人皈依了伊斯兰教用突厥语进行交流。在中亚，第三个亚帝国落入了号称成吉思汗再世的帖木儿之手，尽管他并非直系后裔。在帖睦尔的后裔夺取印度大部建立莫卧儿王朝后，这个名字依然回荡了数世纪之久。在中国，忽必烈的后裔们带着他的遗产又挣扎了 73 年，在此期间，权力在一系列继承争斗，阴谋诡计，暗杀与内讧，更不用说瘟疫与通货膨胀中消失殆尽。1368 年的反叛将 60000 蒙古上层赶回草原，留下数十万人被即将建立的明朝融合，而明朝对中国的统治一直到 1644 年被满洲人取代。

成吉思汗的永久梦想

或许你会认为，成吉思汗统治世界的梦想实属疯狂。并不完全如此。蒙古人是如此热衷于用他的名字来命名他们能够得到的任何消费品，以至于政府正在考虑立法来禁止这种行为，或者只有在官方许可下才可使用他的名字，这无疑要花上很大一笔钱。

梦想破灭这一事实并不会令人惊异，因为它毕竟是一个不可能完全实现的梦想。但它却部分地在今日中国的疆域中幸存下来。因为正是在追求这一梦想的过程中，忽必烈将云南与西藏并入中国，并在与其表亲海都的争夺战中竭尽全力维护了西部省份甘肃、宁夏与新疆的主权。也是由于他的失败之故，中国没有囊括今天的缅甸、越南、爪哇或者日本。

这就是中国在蒙古人于 1368 年被颠覆以后从明朝那里继承的遗产。正如日本学者冈田英弘所说的那样，对于明朝宣称对非汉人地区的主权来说，唯一可能的合法性"就是宣称明朝皇帝是蒙古可汗们的合法继承者"。而 1644 年满洲人夺取政权时也是如此。接着便是现代中国，它宣称对于西藏与难以驾驭的新疆穆斯林地区的主权，就是因为忽必烈汗，一个蒙古人曾经以其祖父的名义拥有过它们。

由于命运的几次急转直下，蒙古本身从中国的大家庭中溜掉了，并于 1921 年落入了新的苏联的怀抱。不幸的是，对于中国的传统主义者来说，蒙古的独立被 1945 年的公民投票予以认可，这一结果也在共产党取得胜利前四年被中国承认，因而也预先阻止了毛泽东的任何重新控制的可能，正如他 1950 年在西藏做的那样。

蒙古生存下来，很大程度上得益于成吉思汗的天才。对于中国来说也一样。中国将它的地理形象——它的疆域面积——归功于 12 世纪一个亡命于蒙古深山的二十多岁逃亡者的远大抱负与坚定信念，这真可谓历史上最大的讽刺之一。这两个国家同时回荡着成吉思汗最初的理想，这一理想是如此虚幻，以至于无论它们哪一方实现了它，结果都会非常令人惊异。它们共同构成了人类的四分之一与世界陆地面积的十二分之一。仅这些显而易见的现实就是一种无可比拟的理想与领导艺术的有力证据。

附录：成吉思汗的天赋之解析

在现代领导学理论的帮助下，我们有可能对使得成吉思汗超群出众的许多性格特征进行剖析了。使得情商概念大众化的丹尼尔·戈尔曼为笔者提供了指导，恰恰是因为成吉思汗的最卓越的性格之一就是他那种理解自己的情绪，把它们融入自己的决定，而不是被它们控制的反应方式。

显然，这种尝试并不能提供一个完整的解释。一种被设计来评价今日民主的与市场经济的领导学理论，不能够百分之百适用于 800 年前的以部落为基础的军事领袖。但是戈尔曼的界定与成吉思汗的领导技巧都足够宽泛到有相当大的重叠。

以情绪的自我控制为例：

成吉思汗经常被用来与希特勒作比较，因为他们极度的野心、冷酷无情与破坏性。但请更加仔细地观察：将成吉思汗许多正面的特质与希特勒的负面特质加以比较，尤其是他的自控与希特勒恶名昭彰的非理性。有一次这个元首愤怒到了暂时疯癫的程度"自己倒在地板上啃咬地毯的边缘，"——一次使自己获得"地毯噬咬者"①雅号的突然爆发。这种行为在成吉思汗的人格中根本不存在。成吉思汗也不会让自己受一厢情愿的想法驱使去低估他的对手，就像希特勒在 1941 年 12 月日本偷袭珍珠港后所做的那样：他称美国为一

---

① 夏伊勒：《第三帝国的兴亡》p. 478

个很快就会崩溃的"腐烂的国家",然后就在既无挑衅又无必要的情况下对美国宣战,仅仅为逞匹夫之勇,并因而注定了德国失败的命运。这是一个由人格控制的政府,而非因国家的理性。而成吉思汗则是事业第一情绪第二。

将他的特质与戈尔曼及其伙伴界定的"领导能力"相对照,并非相同情形下的比较。现代的领导者没有构建成吉思汗那么远大理想的自由,更不用说去实现它们了(尽管仅就野心而言,毛泽东在1950年代早期带着其世界革命的计划与之非常接近。即使考虑到他为此准备牺牲数百万的人民,事实上也没走多远)。

戈尔曼的分类也不是绝对的。它们有重叠,其中的一些不能适用于成吉思汗,而成吉思汗也有一些不可用于当今世界的性格特质(比如这两点,他的极端化的理想,他的极度冷酷无情)。

戈尔曼的18种"能力"可被分解为两大类型与四个亚类型:

个人能力:

自我意识(3);

自我管理(6);

社会能力:

社会意识(3);

人际关系管理(6)。

个人能力

自我意识

1. 情绪自我意识

读懂自己的情绪并了解它们如何影响自己做决定以及自己的同事

成吉思汗既非控制型人格,也不痴迷于暴力。他权倾四海,但却有着人类正常的情感。正如谋杀别克帖儿的故事所示，他完全意识到了对情绪不加控制的危险性。他爱他的儿子们、四个收养的儿子以及孙儿们。他颇为活跃的性生活属于那种雄性首领的生活，当然是为了寻欢作乐，但同时也宣示地位。然而他也非常尊重几位妇女：首先当然是他的母亲，至少还有他的三位妻子，长妻孛儿帖，塔塔儿人也遂，她是在其部落被击溃时被俘的，并在后来变得颇具影响力，还有先于她被俘的她的妹妹。

现在来谈谈这个妹妹也速干。她一定是个美人，但她也巧妙地利用了自己的魅力来赢得尊重并帮助她的姐姐。"因受宠爱，她说，'把我当普通人对待也好，甚至当牲畜对待也好，都是大汗的恩典。我有个姊姊名叫也遂，比我更强，更配得上大汗。'"成吉思汗非常感兴趣，并下令寻找也遂。"但是"，他补充道，"你姊姊来了，你能让位给她吗？"是的，她当然会，也这样做了。也遂就这样"坐在后妃的座位上"。请注意这里的真实情感与体贴。

2. 准确的自我评价

了解自己的强项与弱点，并且虚心接受批评

当他奖励他最亲近的两个朋友时，他赞扬他们，因为：

正确的事情提醒着做着，

错误的事情不叫做着。

这就是灵活性，随时准备改变想法：这些都是你无法与一个因冷酷与残忍而著名的人相联系的特质。

3. 自信

不予置评。当你知道因上天意志世界归你所有时，你不会缺乏自信。

自我管理

4. 情绪的自我控制

将有害情绪置于控制之下的能力

没有什么东西可以介于成吉思汗与他的事业之间。即使在他拯救孛儿帖于篾儿乞惕部落并在月光下与她相拥时，他也没有忘记自己。毕竟，这是他拯救自己的决定，而不是为最初导致孛儿帖被俘的战斗而复仇。尽管对术赤生父之谜疑虑重重。他接受其做他的儿子；然而当术赤拒不从命时——术赤与他的兄弟们发生争执，成吉思汗令其回来消弭争执——成吉思汗就准备消灭他，并很可能下令对其进行暗杀。即使在使用极端暴力时，他也清楚地知道自己在做什么，并且可以像下令进行大规模屠杀一样厉行节制。这里不存在情绪化的自我放纵，在很早以前，当他为激愤情绪所控，杀死了他的同母异父的兄弟别克帖儿时，就了解到了这一点，并终生铭记其母的责骂。

5. 透明

展示诚实与正直

正如他在作为一个年轻的盟誓者从札木合那里学到的一样，领导者的话就是他的誓言。时刻注意反映成吉思汗观念的《蒙古秘史》小心翼翼地显示他从未再次食言。札木合与脱斡邻勒背叛了成吉思汗，但他从未以其人之道还治其人之身。错误（至少是那些他的人民可以从中吸取教训的错误）被承认了。

6. 适应能力

适应不断变化的情况的灵活性

成吉思汗的帝国及其有效的管理，很大程度上都要归功于对于适应的准备。国家统一的概念并不新鲜，但是通过冷酷无情来强迫实现的政策则肯定是来自成吉思汗感情的驱动力与想象力的某种结果。他当然不会预见到所有这一切将会导向何方，然而，一旦他看到他的政策产生的新的需求，他就会做出反应。书写系统的采纳、官僚机构的设立以及档案记录的创设都是对新要求的适应。

7. 成就

改善表现以便符合内部的优秀标准的动力

有关这一点毫无疑问的是：书写、法律、社会革命以及其军队的提升都是其领导艺术及其组织改善的例证。正如戈尔曼与其同僚所写的那样，"成就的标志就在于不断地学习——以及教育——这些都是通往更加优秀的道路"。

8. 主动性

准备行动并抓住时机

作为一个战略家与战术家，成吉思汗极为善于创造与把握机会。一个微不足道的例子：他看待送给其母亲的貂皮袄的潜在价值以及利用它来征得脱斡邻勒支持的方式。重大的例子：他入侵花剌子模的冒险决定。

9. 乐观

一种保持理想支撑希望的能力

他有激发起追随者这样一种感觉的能力：尽管遭受了挫折，但明天将会比今天美好。对成吉思汗来说，乐观是其领导艺术的一种不言而喻的特质，因为他的理想如此宏大，他的成功又是如此明显，以至于明天总是会更好。

社会能力

社会意识

10. 认同心理

与大范围的情感信号协调一致的能力

尽管他坚持他的人民是最优秀的，但如果需要，他能够与所有的人很好相处。成吉思汗的认同感在以下两个方面非常明显，其一是他的好奇心，其二就是他通过雇用各种不同背景的人，无论其是否以前的敌人，如乃蛮人、篾儿乞惕人、塔塔儿人、契丹人、穆斯林、畏兀儿人与中国人来使其帝国运转正常的决心。

11. 组织的意识

政治协调，一种探求有意义的社会网络与权力关系的能力

这是一种至关重要的能力，尤其是在早期，在草原政治变幻莫测的世界中，一个错误的举动很可能会是灾难性的。尤其是他需要能够平衡自我保护与独立的需求，以及建立或脱离联盟的利益与危险。

12. 服务

一种培养他为其下属服务而同时其下属又为他服务的情感氛围的能力

成吉思汗通过确保他的慷慨精神向下渗透的方式竭力保证他的"受庇护者"——也就是他的人民——心满意足，以便于来自低层的义务依旧强烈。大汗的职位包含有两个层面的关系：大汗发出理想、战略方向与战利品，而他的人民则以自我牺牲、服从与忠诚作为回应。

社会关系管理

13. 激励

用理想与共同使命创造一种具有如此感召力以至于其他人都愿意追随的共鸣

戈尔曼将它置于列表中的这个位置，但它真的应该位于首位。成吉思汗提出了最伟大的理想：在上天的引导下征服世界。而每一次征服都强化了这个观念。他的马蹄所及——从太平洋到俄罗斯南部——似乎所有的国家都命中注定地相继陷落，接受蒙古人的统治。在他死亡之际，没有人会怀疑整个中国就是一个合法的目标，而且最终一定会被征服。由于没有什么样的力量会设置最终极限的意识，在一段时间内，也没有理由怀疑整个世界最终都会承认蒙古人的最高君主权威。

14. 影响力

说服个人与组织的能力

当缺少强迫的权力时，这一天赋便会大行其道。一旦权力被建立起来，成吉思汗就无需具有说服能力。然而在其崛起的道路上，他在争取坚信不疑的伙伴，例如接近克烈亦惕部可汗脱斡邻勒，诉诸他作为自己父亲"盟誓兄弟"的道德理念，以及用其母的貂皮袄来铺平道路诸方面都显示出了炉火纯青的技巧。

15. 提携他人

展示出真诚的对培养人们的能力的兴趣

拙劣的领导者经常会把他人展示出的天赋看作是一种威胁。成吉思汗却鼓励他们，无视其背景与种族渊源。他的养弟或养子失吉（失吉忽突忽）成了他的大法官，尽管他是一个出生于敌对部落的孩子。木华黎则全权负责金朝被征服的地区。成吉思汗也很可能会说，正如笔者曾经听一位成功并且心胸开阔的CEO所说的那样，"我一直足够

幸运地雇佣到了比我聪明的人"。

16. 勇于变革

确认变革的需要，拥护新秩序

成吉思汗当然是这样做的，因为它改变了他的整个社会，并使其踏上了帝国之路。

17. 冲突管理

允许发表与控制不同见解的能力

善于处理冲突的领导人能够让所有的团体说真话，理解不同的见解，然后找出所有人都能够接受的共同基础。这是一种从成吉思汗对其高级幕僚的建议所持的开放态度中可以明确反映出来的天赋。这些幕僚有时候会与其意见相左，但是他的绝对权力意味着他几乎无需处理冲突。他的决定会消除冲突。只有在很罕见的情况下，他才会允许有冲突的存在，尤其是在压服可能会使其演变为毒害时——例如有关他的继承问题的争执。

18. 团队精神与合作

生成分享权力的能力

他会是一个致力于助人与合作的领导者吗？几乎不是。这完全不是成吉思汗的风格。他的极具鼓舞的领导艺术使得他的人民对于他、他们的新国家、他们不断成长的帝国无限忠诚——这是他的天才——但那个能够提出建议与批评的团队却仍旧是为数不多的几位家人与他钟爱的将军。他的统治并非民主的前兆。

以这些标准，作为领袖的成吉思汗位于何处？根据戈尔曼等人所言：

我们所见之领导人，无论多么杰出，无一有能力越过情商测试的每一项。高效领导者通常会在情商测试的六七项中展示出超强实力。此外，卓越的领导并没有固定公式。通往卓越的道路很多，而优秀的领导者也会拥有非常不同的个人风格。但我们仍然能够发现，有效率的领导者通常至少会在情商的四个基本领域的每一项中展示出实力。

所以：有效率的领导人符合四项，高效的领导人符合六至七项。而终其一生，成吉思汗符合 18 项中的 15 项，同时第 16 项（第 17 项"冲突控制"）则要打上问号。尽管在他的领导艺术中还有远比这些现代标准更多的东西，但仅以戈尔曼的术语而言，他仍然是当之无愧的天才。

参考书目

成吉思汗生平基础性的资料是《蒙古秘史》罗依果的里程碑式的版本。他的标准传记则是拉契内夫斯基的版本，其中也包含最好的书目。而关于领导艺术的主题，两项研究尤其有帮助。丹尼尔·戈尔曼、里查德·博亚特兹斯及安妮·麦基合著的《最根本的领导力》一书，将戈尔曼的情绪智力概念运用到了领导者身上。该书讨论了大量很适于成吉思汗性格的特质。吉姆·科林斯的《从优秀到卓越》分析了极为成功的公司领导者的天赋。柯林斯并未论及其他类型的领导，但他等级制领导技巧的论述与成熟的成吉思汗的品质精准地吻合。成吉思汗也是一位卓越的军事领袖。为将他的伟大成就置于恰当的历史环境中，笔者主要利用了经典的中国军事理论家孙子以及英国军事史学家约翰·基根的著作。笔者的主要资料列于下表：

布赖特施奈德. E，《来自东亚史料的中世纪研究》，两卷本（伦敦：科恩保罗，1888 年），詹姆斯·麦格雷戈·伯恩斯第一卷，第三章：西域记，李志常，《长春真人西游记》译本。

詹姆斯·麦格雷戈·伯恩斯，《领袖》（纽约与伦敦：哈珀与罗尔出版社，1978 年）

吉姆·柯林斯，《从优秀到卓越》（伦敦：兰登书屋，2004 年；美国版由柯林斯商务社出版）。

库图·戴安. L，《置领袖于沙发之上：与曼弗雷德·凯茨·德·弗里斯的对话》，《哈佛商业评论》，2004 年，1 月；再版于《领导者的思维》（坎布里奇，马萨诸塞，哈佛商学院，2005 年）。

斯蒂芬·丹宁，《领导艺术秘诀：领导者如何通过阐述来激励行动》（约瑟 – 贝斯/威利出版社，2007 年）。

迪克森·诺尔曼，《军事不称职心理学》（伦敦：兰登书屋，1976年；第二版，1994 年）。

爱德华·吉本，《罗马帝国的兴衰》第三卷（伦敦，登特出版社，1910 年）。

丹尼尔·戈尔曼、理查德·博亚特兹斯及安妮·麦基，《新领袖：领导艺术向科学成果的转化》（伦敦：时代华纳出版社，2002 年，美国版书名为《最根本的领导力》，哈佛商学院出版社，2002 年）。

罗伯特纳·格林，《战争的 33 条战略》（纽约：维京企鹅出版社；伦敦：普洛菲尔出版社，2006 年）。

《哈佛商业评论》，《领导者的思维》（坎布里奇，马萨诸塞，哈佛商学院，2005 年）。

胡弗·阿兰与约翰·波特，《智慧的领导：创造变革的激情》（伦敦：兰登书屋，2001 年）。

赫德·拉塞尔，《一个少年对丧父之痛的回顾：顺应力与健康悼念之研究》载《青春期》（圣迭戈），第 39 卷，154 期。

詹妮斯·I，L，《集体思维的牺牲品》（波士顿：霍顿米福林出版社）。

术外尼·阿塔·马利克，《成吉思汗：世界征服者史》J．A．波义儿编译（曼彻斯特：曼彻斯特大学出版社，1958 年，1997 年再版）。

约翰·基根，《战争史》（伦敦，兰登书屋，1994 年）。

基根·约翰，《指挥的面具》（伦敦：乔纳森海角出版社，1987年）。

科勒曼·芭芭拉，《差强人意的领导：其含义、产生及意义》（坎布里奇，马萨诸塞州：哈佛商学院出版社，2004 年）。

克鲁格·约翰·R.，《〈蒙古源流〉中的诗章》（海牙：莫顿出版社，1961 年）。

莱顿·阿兰，《领导艺术：知人善任的实践智慧》（伦敦：兰登书屋，2007 年）。

李志常，《长春真人西游记》，见布赖特施奈德，威利。

约翰·曼，《成吉思汗：生、死与复活》（伦敦：环球出版社，2004 年）。

约翰·曼，《忽必烈汗：重塑中国的蒙古王》（伦敦：环球出版社，2007 年）。

德斯蒙德·马丁，《成吉思汗的崛起及其对北中国的征服》（纽约：八角出版社，1971 年。

《〈蒙鞑备录〉与〈黑鞑事略〉：1221 与 1237 年有关早期蒙古的中文记载》，彼得·奥尔布莱希特与伊丽莎白·平克斯译（威斯巴登：哈拉索维茨出版社，1980 年）。

穆特·F. W.，《公元 900~1800 年的中华帝国》（坎布里奇，马萨诸塞与伦敦：哈佛大学出版社，1999 年）。

约瑟夫·S·奈，《领导的权威》（牛津：牛津大学出版社，2008 年）。

冈田·英弘，《作为蒙古帝国继承者的中国》，载洛文·阿米泰？普莱斯与大卫·摩根编，《蒙古国及其遗产》（来登与波士顿：布里尔出版社，1999 年）。

劳伦斯·J·彼德与雷蒙德·哈尔，《彼得原理：事情为何总是出错》（纽约：威廉摩罗出版社，1968 年）。

罗依果，《耶律楚材、耶律铸与耶律希亮》载罗依果等编，《蒙元早期（1200~1300）为大汗服务的出类拔萃之辈》（威斯巴登：哈拉索维茨出版社，1973 年）。

罗依果译注，《〈蒙古秘史〉：13 世纪的蒙古编年史诗》（来登与波士顿：布里尔出版社，2004 年）。

罗依果，《成吉思汗/合罕称号之再探讨》载瓦尔特·海西希与夏佳思编，《尼克罗斯·鲍培 90 华诞纪念文集》（威斯巴登：哈拉索维茨出版社，1989 年），

拉契内夫斯基·保罗，《成吉思汗：其生平与遗产》托马斯·海宁编译（牛津：布莱克威尔出版社，1991 年）。

莫里斯·罗沙比，《忽必烈汗：其生平与时代》（伯克利，洛杉矶与伦敦：加利福尼亚大学出版社，1983 年）。

威廉·夏伊勒，《第三帝国的兴亡》（伦敦：赛克尔与沃伯格出版社，1960 年）。

希伯特·阿尔，《幸存者的品格》（波特兰，俄勒冈：实践心理学出版社，1993 年）。

威廉·约瑟夫·斯利姆，将军、爵士，《反败为胜》（伦敦：卡塞尔出版社，1956 年）。

孙子，《孙子兵法》与商鞅，《商君书》（瓦尔：沃德沃斯出版社，1998 年）。

阿瑟·威利译，《术士之旅：道长长春真人应成吉思汗之召由中国去往兴都库什并由其门徒李志常记载的旅行》（伦敦：罗特来奇出版社，1936 年）。

韦伯·马克西米兰，《社会与经济组织理论》A．R．安德森与塔尔科特·帕森斯译（纽约：自由出版社，1964 年）。

沃顿·J．威廉，《孩童与悲痛：父母去世之际》（纽约与伦敦，吉尔福德出版社，1996 年）。